Emma de France

Noémie Daniel
*
Tomooki Kuroki

Surugadai-shuppansha

本書には，🎧マーク部分を吹き込んだ別売りCD
（本体800円＋税）（ISBN 978-4-411-11345-0）を用
意しておりますのでご利用ください

装丁：小熊　未央

まえがき

　この教科書の最大の特徴は現在もフランスに住み FLE（外国人のためのフランス語教授法）を学ぶ20代のフランス人女性が執筆していることです．日本でフランス語を学ぶ学生になるべく近い世代の若者が話しているフランス語を学べる教材を作ってみたいというのがその動機でした．

　普通，教科書を執筆するのは先生です．決して若いとは言えません．学生との間には世代間のギャップが多かれ少なかれあります．言葉遣いというものは，日本でもフランスでも世代によって微妙に変わります．ですから，ここでは実際のフランスの若者が日常使っているフランス語を紹介したいと思ったのです．

　彼女には，日本人の友達に語りかけるように，彼女の目から見たフランスの生活を書いて欲しいと頼みました．何よりも，学生諸君には現在のフランスについて興味を持ってもらいたいと思ったのです．この教科書を彼女からの手紙だと思って読んでもらえば幸いです．ですが，ここで書かれているフランスはあくまでも彼女にとってのフランスです．異論がある人はもちろんいるでしょう．

　以上のように，まずは「フランス人の女の子から見たフランス生活を紹介する」という目的のもと各課を組み立て，初級文法を一通り終えた学生を対象としています．というわけで，文法は復習を目的として添えるという形にしました．

　まずは，読んで見て下さい．そのあとで，フランス語での会話練習が出来るように，Activité を用意しました．本文の表現を使って，なんとか会話をしてみて下さい．ここで重要なのは，Activité の質問に対する解答は一つではないということです．ここで書かれているフランスが唯一の絶対に正しいフランスの姿ではなく，あくまでも彼女の目から見たフランスであるように，解答も彼女の文章を読んで感じた一人一人が思ったことを尊重して下さい．この解答に関する発想もとてもフランス的だと言えます．教室でいろいろと話し合ってもらえれば幸いです．

　それでは，フランス語もさることながら，今のフランスに少しでも興味を持ってもらえることを祈っております．

　最後にいろいろとアドヴァイスをくれた親友 Patrice Leroy 氏に感謝の言葉を述べておきたいと思います．

　2011年秋

筆者を代表して
黒木　朋興

SOMMAIRE

Leçon 0 メモ 1
　・疑問文の作り方　・様々な疑問詞　・所有形容詞
　・指示形容詞　・疑問形容詞

Leçon 1 Bonjour 5
　・動詞の活用 être, aimer, habiter　・不定冠詞と名詞
　・形容詞の変化　・挨拶の表現　＊挨拶

Leçon 2 Mes amis et ma famille 9
　・人称代名詞　・男性名詞と女性名詞　・定冠詞　・構文
　＊地中海文化

Leçon 3 L'honnêteté 13
　・構文　・動詞の活用 avoir, dire, vouloir　・否定疑問文の Si　・不定法
　＊英語とフランス語の冠詞の違い

Leçon 4 Diminutifs 17
　・構文　・動詞の活用 aller, savoir, faire　・構文　・非人称の on
　＊動詞の活用について　＊性数一致（形容詞と名詞）
　＊よくある愛称の例

Leçon 5 « On ne va pas arriver les mains vides ! » 21
　・構文　・動詞の活用 acheter, appeler, pouvoir, prendre　＊不定法について

Leçon 6 « LA MODE » 25
　・動詞の活用 finir　・代名詞
　＊直接目的語と間接目的語の語順について　＊ça を使った表現

Leçon 7 Les habitudes alimentaires 29
　・部分冠詞　・中性代名詞 en　＊「数えられない名詞」について

Leçon 8 Romantisme et galanterie 33
　・関係代名詞　＊名詞と形容詞の語順について

Leçon 9 Les fêtes de fin d'année 37
　・代名動詞　・場所に関する関係詞 où　＊代名動詞

Leçon 10 Toujours en retard ! 41
　・命令法　・受動態　＊命令法　＊受動態と能動態

Leçon11	Tradition et Modernité	45

・否定の命令法　・命令法と代名詞　・比較級　・最上級
＊意味の逆転

Leçon12	Sujets tabous	49

・間接疑問文　・直説法単純未来形　＊「出来る」の表現

Leçon13	Métissage et Europe	53

・直説法複合過去の作り方　・直説法半過去の作り方
＊半過去と複合過去　＊文学・絵画作品における過去形

Leçon14	Culture « cultivée »	57

・時制の一致　・複合過去と過去分詞の一致
・不定冠詞 un / une の特別な用法
・使役動詞　＊複合過去の助動詞が être の場合と avoir の場合

Leçon15	Paysages contrastés	61

・条件法
＊フランス語の条件法　・接続法と英語の仮定法

Leçon16	Le Japon des Français	65

・構文　・de ＋形容詞＋複数名詞　＊ truc / machin について

Annexe	Les pays voisins	69

＊固有名詞と形容詞形　＊固有名詞と冠詞

文法補遺	＊接続法　＊接続法を恐がらないで	71

Leçon 0

メモ

さあ，フランス語を始めましょう．まずは簡単な＝を使った表現を見てみます！

簡単な公式

> 1. A = B   2. A = B?   3. A ≠ B
>   1. Je **suis** japonais(e).   Tu **es** français(e).
>   2. Tu **es** français(e)? / Oui. Non.
>   3. Je (ne) **suis** pas japonais(e).
>
> 4. A = ?

I

Qui est-ce? / C'est qui? C'est qui, elle? 誰ですか？

C'est Emma. エマです．

II

Pierre : Qu'est-ce que c'est? / C'est quoi? / C'est quoi, ce truc? これ，何でしょう？

Emma : C'est une carotte? Non? ニンジン？　違う？
Pierre : Non! Ce n'**est** pas une carotte. / C'**est** pas une carotte. ニンジンじゃないよ．
　　　　C'**est** une gomme. 消しゴムだよ．

Exercices　下のリストの言葉を使って簡単な会話をしてみましょう！

exemple :
　C'est (　) (　)?　– Oui. / Non.
　Qu'est-ce que c'est? / C'est quoi?　– C'est (　) (　).
　Qui est-ce? / C'est qui?　– C'est (　).

---

un sac　かばん / une montre　時計 / un livre　本 / un portable　携帯 / un cahier　ノート / un crayon　鉛筆 / une chaise　椅子 / une clef　鍵 / une trousse　筆入れ / un mouchoir　ハンカチ / un parapluie　傘 / une gomme　消しゴム / une revue　雑誌 / un dictionnaire　辞書 / un manuel　教科書 / un iPod

---

疑問文の作り方

Tu **vas** à Tokyo.　君は東京に行く．
　　　君はフランスに行きますか？
1. Tu **vas** à Tokyo?　イントネーション型
2. Est-ce que tu **vas** à Tokyo?　Est-ce que 型
3. **Vas**-tu à Tokyo?　倒置型

様々な疑問詞

---

quand　いつ
où　どこ（**d'où**　どこから）
comment　どのような（に）
pourquoi　なぜ　→　**parce que**　なぜなら

　　　どこに行くの？
1. Tu **vas** où?
2. Où est-ce que tu **vas**?
3. Où **vas**-tu?

所有形容詞

	男性単数	女性単数	複数
私の	**mon**	**ma (mon)**	**mes**
きみの	**ton**	**ta (ton)**	**tes**
彼の／彼女の	**son**	**sa (son)**	**ses**
私たちの	**notre**		**nos**
あなた（方）の	**votre**		**vos**
彼らの／彼女達の	**leur**		**leurs**

＊ ma, ta, sa は母音字と無音の h の前では，mon, ton, son になる．
　（例）女性名詞：une école → son école ／ 無音の h：une histoire → son histoire

指示形容詞

	単数	複数
男性	**ce** livre（この本） **cet** arbre（この木）	**ces** livres（これらの本） **ces** arbres（これらの木）
女性	**cette** montre（この時計）	**ces** montres（これらの時計）

疑問形容詞　「何の／どんな」

	単数	複数
男性（どんな本）	**quel** livre	**quels** livres
女性（どんな時計）	**quelle** montre	**quelles** montres

Bonjour

🎧 3

Salut !
Moi, c'est Emma.
Je **suis** française, j'**habite** à Aix-en-Provence, près de[1] Marseille.
Je **suis** étudiante en japonais.
J'**aime** la musique, les voyages, les pâtisseries…
Je **suis** une petite brune aux yeux[2] vert-marron[3].

Bonjour !
Moi, c'**est** Thomas.
Je **suis** français, j'**habite** à Avignon.
Je **suis** étudiant dans une école d'ingénieur[4].
J'**aime** la guitare, le volley, le dessin…
Je **suis** grand, brun et j'**ai** les yeux bleus.

Coucou !
Moi, c'**est** Émilie.
Je **suis** française, j'**habite** à Marseille.
Je **suis** étudiante à l'École normale[5].
J'**aime** les chats, les concerts, les films…
Je **suis** grande, brune et mes[6] yeux **sont** noisette[3].

---

1 près de 〜 :「〜の近く」
2 aux yeux 〜 :「〜の目の色をした」
3 形容詞が2つ組み合わさっている時，- の前の最初の形容詞は変化させない．marron ＝ 栗，orange ＝ オレンジや noisette ＝ ヘーゼルナッツはモノの名前なので変化しない．
4 école d'ingénieur :「エンジニアの学校」
5 l'école normale :「教員養成学校（グランゼコル grandes écoles の１つ）」
6 mes :「私の」 p.3 所有形容詞の表参照．

動詞の活用

直説法現在形

・être（＝／います・あります）

je **suis**	nous **sommes**
tu **es** *	vous **êtes** *
il **est** / elle **est** / on **est**	ils **sont** elles **sont**

＊基本的に"tu"は二人称単数の親しい相手に対して，"vous"は二人称複数もしくは敬意を払うべき二人称単数に対して使う．

・-er 動詞：フランス語に最も多い規則動詞

aimer（好きです）

j'aime	nous aimons
tu aimes	vous aimez
il aime / elle aime / on aime	ils aiment elles aiment

habiter（住んでいます）

j'habite	nous habitons
tu habites	vous habitez
il habite / elle habite / on habite	ils habitent elles habitent

不定冠詞と名詞

	単数	複数
男性	un ami	des amis
女性	une amie	des amies

形容詞の変化

男性単数	女性単数	男性複数	女性複数
français *	française *	français	françaises
étudiant *	étudiante *	étudiants	étudiantes
petit	petite	petits	petites
brun	brune	bruns	brunes

＊普通，"Je suis française."（私はフランス人です）や "Je suis étudiant."（私は学生です）のような文における「フランス人 française」や「学生 étudiant」は普通名詞として捉え，「国籍や職業を表す名詞の前には冠詞をつけない」と教えますが，ここでは形容詞とします．例えば，「友達 ami(e)(s)」は名詞として辞書に載っていますが，"Ils sont très amis." という文では「彼らはとても友達である」ではなく「彼らはとても仲が良い」であり，形容詞です．対して，英語の "I am a French." や "I am a student." の「a French」や「a student」は冠詞の「a」が付いていますから名詞です．

Exercices

1. 本文に習い右のリストの語彙を使って自己紹介をしてみましょう．

Moi, c'est (　　　　).
Je suis (　　　　).
J'ai les yeux (　　　　).
J'habite à (　　　　).

Je suis étudiant(e) en (　　　).
　　J'aime (　　　).

2. 次の表現と下のリストの語彙を使って周りの人と会話してみましょう.
　　Et toi ?　で，君は？
　　Tu es français(e) ?　君，フランス人？
　　Tu es de quelle nationalité ?　国はどこ？
　　Tu habites où ?　どこに住んでいるの？
　　Qu'est-ce que tu fais dans la vie ?　君，何しているの？　(fais ＜ faire : する)
　　Qu'est-ce que tu aimes ?　何が好き？

> - (la) littérature 文学 / (la) philosophie 哲学 / (l')histoire 歴史 / (l')anglais 英語 / (l')économie 経済学 / (la) gestion 経営 / (le) droit 法学 / (la) physique 物理学 / (la) biologie 生物学 / (la) chimie 化学
> - le café コーヒー / la bière ビール / le vin ワイン / la viande 肉 / le poisson 魚
> - la musique 音楽 / le piano ピアノ / la basse ベース / la batterie ドラム / le violon ヴァイオリン
> - le sport スポーツ / le jogging ジョギング / le vélo 自転車 / le base-ball 野球 / le football サッカー / le rugby ラグビー / le basket バスケット / le ping-pong 卓球 / le tennis テニス / le ski スキー / le golf ゴルフ

挨拶の表現

	出会い	別れ	
	Salut.	Salut.	
朝	Bonjour.	Au revoir. A demain.	Bonne journée.
昼		A bientôt. A plus. （昼夜を問わない）	Bon(ne) après-midi. Bonsoir.
夜	Bonsoir.		Bonne soirée.

＊ salut は友達同士でいつでも気軽に使える表現．

元気（ですか）？	元気です．	
Ça va ? Tu vas bien ? Vous allez bien ? Comment allez-vous ?	Très bien. Bien. Je vais bien.	Et toi ?（君は？） Et vous ?（あなたは？）
	まあまあ．	
	Moyen. Bof. Comme ci comme ça.（やや古い）	

挨拶

　フランス人は，電話で話したり街で会うたびに，「Ça va? 元気？」と声をかけてきます．日本ではどうでしょうか．少なくとも僕には毎回そんな受け答えをする習慣はありません．ですから，フランスに住み始めて最初の頃はいちいち答えるのが面倒臭くて，ニコッと笑って答えなかったことがありました．すると，「どうしたの？　体の調子が悪いの？」とか「どうして答えてくれないの？」と言ってくるではありませんか．というわけで，僕も「Bien.」と答える習慣を身につけていったのです．ところがある日のこと，仲のよい友人から電話がかかってきて，「Bien.」と答えるのも飽きていたというのもあるし，親しいということでつい気を許して「Comme ci comme ça. まあまあだね」と答えてしまいました．すると，「どうしたの？　どこが悪いの？」といろいろ心配してくれるではありませんか．というわけで，特に何もないときは「Bien.」と答えた方が懸命であることを知りました．皆さん，とりあえず「Bien.」と答えてみて下さい．

　なお，僕はといえば，フランス滞在2年目を越す頃から本当に親しい友人に限っては，本性を現し「Je ne suis pas mort comme tu vois. 見ての通り死んではいないよ．」と答えるようになりました．

アヴィニョン

マルセイユ

エクス

落書きだらけのマルセイユの街角

Leçon 2

Mes amis et ma famille

🎧 4

Salut, c'**est** encore moi, Emma !
Je **vais**[1] vous **présenter** mes amis et ma famille.

Thomas, c'**est** mon meilleur ami[2].
Il **est** étudiant dans une école d'ingénieur.
Il **aime** la guitare, le volley…
Il **aime** aussi **dormir** !
Il **est** un peu paresseux.

Émilie, c'**est** ma meilleure amie.
Elle **est** étudiante à l'école normale.
Elle **aime** les films, les concerts, les chats…
Elle **aime** aussi **cuisiner**.
Elle **est** très bavarde !

ニースの海岸

Mes parents **habitent** à Nice, près de l'Italie.

Marie, c'**est** ma mère.
Elle **est** professeur des écoles.
Elle **aime** les enfants et les voyages.
Elle **aime** aussi **faire** des gâteaux[3].
Elle **est** très généreuse.

エクスの市役所

Mattéo, c'**est** mon père, il **est** italien.
Il **est** prof[4] d'italien.
Il **aime** la littérature, la photographie et le football.
Il **aime** aussi **nager**.
Il **est** très curieux. (= dans le sens de « il **s'intéresse** à tout »[5])

---

1 Je vais vous présenter : aller + 不定法で「〜しましょう」という未来の表現．p.22を参照．
2 mon meilleur ami :「親友」
3 faire des gâteaux :「ケーキを作る」
4 prof = professeur.
5 dans le sens de « il s'intéresse à tout » :「何にでも興味を持つという意味で」

アヴィニョンの演劇祭

人称代名詞

・主語

	単数	複数
一人称	je	nous
二人称	tu	vous
三人称	il elle on	ils elles

・強勢形（前置詞の後，あるいは独立して使う時）

	単数	複数
一人称	moi	nous
二人称	toi	vous
三人称	lui elle	eux elles

男性名詞と女性名詞

	単数形	複数形
男性名詞	un chat un enfant un père	des chats des enfants des pères
女性名詞	une guitare une famille une mère	des guitares des familles des mères

不規則変化→ un gâteau des gâteaux / un aminal des animaux

＊形容詞にも似たような変化があります．
paresseux(男)　paresseuse(女) / généreux(男)　généreuse(女) / curieux(男)　curieuse(女)

定冠詞　「私もあなたも知っているあの」

単数	男性	le	le chat, le père, le café
	女性	la	la guitare, la famille, la mère, la preuve, la limite
	母音または 無音のhで始まる単語	l'	l'ami, l'amie, l'enfant (男), l'exemple (男), l'honnêteté (女), l'hôtel (男)
複数		les	les chats, les guitares les amis, les enfants, les hôtels

構文

・主語＋動詞の直説法現在形＋動詞の不定法　「～するのが好き」

　　主語　現在形　　不定法
　　J'　aime　dormir.

　　主語　現在形　　不定法
　　Tu　aimes　cuisiner.

　　主語 現在形　不定法
　　Il　aime　nager.

Exercices

1. 次の構文と語彙を使って，自分の好きなものを言ってみましょう．

   J'aime (　　　　)．

- lire 読書する / danser 踊る / chanter 歌う / travailler 働く・勉強する
- faire du sport スポーツする（faire du jogging / faire du vélo / faire du base-ball / faire du football / faire du rugby / faire du basket / faire du ping-pong / faire du tennis / faire du ski / faire du golf）
- regarder la télé テレビを見る / voir un film 映画を見る / regarder des tableaux 絵画を見る / aller au musée 美術館に行く / voir une expo (de ...) 展覧会に行く / écouter de la musique 音楽を聴く / aller à un concert コンサートに行く / jouer à des jeux vidéo テレビゲームをする
- faire des courses 買い物をする / faire du shopping ショッピングをする / voir des amis 友達に会う
---

2. 3人以上のグループを作り，Leçon1の Exercices のように自分の名前，職業，住んでいるところ，好きなものを述べた後，今度は三人称の "il（彼）" あるいは "elle（彼女）" を使って，グループの人のことを他の人に説明してみましょう．

   Lui, c'est (　　　　)．Elle, c'est (　　　　)．
   Il est (　　　　)．Elle est (　　　　)．
   Il a les yeux (　　　　)．Elle a les yeux (　　　　)．
   Il habite à (　　　　)．Elle habite à (　　　　)．
   Il est étudiant en (　　　　)．Elle est étudiante en (　　　　)．
   Il aime (　　　　)．Elle aime (　　　　)．

3. 下のリストの語彙を使って，三人称の "il（彼）" あるいは "elle（彼女）" の描写をしてみましょう．

   Il est (　　　　)．Elle est (　　　　)．
   Il a l'air (　　　　)．Elle a l'air (　　　　)．

---
grand(e) 背が高い / petit(e) 背が低い / gros(se) 太っている / mince 痩せている / joli(e) 素敵な / élégant(e) 優雅な / jeune 若い / mignon(ne) 可愛い / fort(e) 強い / "marrant(e) 滑稽な / riche 裕福な / gourmand(e) 食いしん坊な / poli(e) 礼儀正しい / timide 内気な / gentil(le) 親切な / méchant(e) 悪い / sympa 感じの良い / intelligent(e) 頭の良い / bête 愚かな / sportif(ve) スポーツ好きの

地中海文化

　この教科書の舞台は南仏です．Aix-en-Provence を中心に Marseille, Avignon や Nice などの都市が出てきます．この地域は6つの県からなる PACA（Provence-Alpes-Côte-d'Azur）と呼ばれる行政区になっています．

　イタリア，スペイン，カタロニア，ポルトガルなど南欧系の人々が多く，何やら地中海人意識というのがあるようです．例えば，エクス市の紋章にはオレンジと黄色の縞模様が含まれていますが，これはバルセロナで有名なカタロニアの旗でもあります．

　エクスに住み始めですぐの頃，いろいろな問題で頭を抱えていた僕にポルトガル人の同僚で親友のチエリ Tierri が言うのです「トモオキ，よく聞け．地中海にはことわざがあるんだ．今日出来ることは明日にしろ．Remettre à demain ce qu'on peut faire aujourd'hui.」その底抜けの明るさに僕は何回も救われたのでした．

エクスの紋章 　　　バルセロナの紋章 　　　サッカーで有名な FC バルサの紋章

カタロニアの州旗

エクスの市庁舎前にあるローヌ川と
デュランス川の彫像

Leçon 3

L' honnêteté

« Mon café **est** froid ! » « Le bus **est** toujours en retard ! » « C'**est** trop cher ! » Les Françaises et les Français **ont** tendance à[1] **se plaindre**[2] et à **être** exigeants, même quand tout **va** bien[3]. En voici un exemple :

Emma : Ah il[4] **est** sympa ce café hein ?
Thomas : Ouais[5], mais il **est** trop petit !
Emma : (*rires*)[6] Toi t'**es** jamais content !
Thomas : Ben je **suis** un Français, et les Français **râlent** souvent, c'**est** connu !
Emma : C'**est** trop facile de **dire** ça[7], moi aussi je **suis** française et pourtant...
Thomas : Oui mais toi, tu **veux** toujours **avoir** raison[8] !
Emma : Quoi ?? Mais pas du tout !
Thomas : (*rires*) Si, la preuve[9] !

En général, quand les Français **râlent**, **se plaignent**[10] ou **critiquent** ce n'**est** pas pour **humilier** quelqu'un, c'**est** juste pour **exprimer** leurs opinions, et ainsi **montrer** leur honnêteté. Ainsi, **dire** ce que l'on **pense**[11] **est** normal, alors que **cacher** ses sentiments **est** plutôt mal perçu[12]. Mais bien sûr il y **a** des limites : on ne **dit** pas toujours tout et il **faut savoir s'excuser** quand on **est allé**[13] trop loin !

---

1 les Français ont tendance à : avoir tendance à ＋不定法で「～する傾向がある」
2 se plaindre :「代名動詞」というフランス語特有の動詞．詳しい説明は p.38 参照．
3 même quand tout va bien :「すべてが上手くいっている時でさえも」
4 il = ce café.
5 Ouais = Oui. 日常のくだけた表現．
6 (*rires*) :（「笑」）の意味．
7 C'est trop facile de dire ça :「それはあまりに安直な考え方だね」「それってベタな言い方じゃない」
8 tu veux toujours avoir raison :「君はいつだって正論を振りかざすよね」
9 la preuve :「君が今言ったことが何よりの証拠だよ」の意．
10 se plaignent : se plaindre の三人称複数形．
11 dire ce que l'on pense :「思っていることを口に出すこと」．関係代名詞が使われている．p.34 と p.67 参照．que ＋ on は「e」と「o」が母音なので，「qu'on」か「que l'on」になる．この「l'」に意味はない．on は非人称の主語．場合に応じて「我々／人々」などと訳す．三人称単数扱い．
12 mal perçu :「悪く思われる」
13 est allé : aller（行く）という動詞の複合過去形（p.54 参照）．ここでは「quand」以下で，「言い過ぎてしまった時には」

構文

1. __文1__, **quand** __文2__ :「__文2__ する時, __文1__」
   Les Françaises et les Français ont tendance à se plaindre et à être exigeants, même quand tout va bien.
2. **ce n'est pas pour** 不定法:「それは〜する**ため**ではない」
   Ce n'est pas pour humilier quelqu'un.
3. __文1__, **alors que** __文2__ :「__文2__ の**一方**で, __文1__」
   dire ce que l'on pense est normal, alors que cacher ses sentiments est mal perçu
4. **il y a** 〜:「〜がある」
   il y a des limites
5. **il faut** +不定法:「〜する必要がある」(il は非人称)
   il faut savoir s'excuser

動詞の活用

直説法現在形

・**avoir**（持っている）

j'ai	nous **avons**
tu **as**	vous **avez**
il a / elle a / on a	ils **ont** elles **ont**

・**dire**（言う）

je dis	nous disons
tu dis	vous **dites**
il dit / elle dit / on dit	ils disent elles disent

・**vouloir**（望む）

je veux	nous voulons
tu veux	vous voulez
il veut / elle veut / on veut	ils veulent elles veulent

否定疑問文の Si

Tu n'es **pas** français? / T'es pas français? 君はフランス人じゃ**ない**の？
   – **Si**! Je suis français. いや, フランス人だよ.
   – **Non**. Je (ne) suis pas français mais belge. うん, フランス人じゃなくてベルギー人だよ.
肯定疑問文と比べてみよう.
Tu es français? / T'es français? 君, フランス人?
   – Oui, je suis français. うん, フランス人だよ.
   – **Non**, je (ne) suis **pas** français mais belge. いや, フランス人じゃなくてベルギー人だよ.

普通, 教科書では否定疑問の答えとしてしか「si」は説明されませんが, 日常会話では本文のように「pas du tout」のような否定的な意見を更に否定する時に,「**Si**」を使います.

不定法

動詞を活用させないで不定法で使用すると,「～すること」という意味になります. 英語のように「to」を付ける必要はありません.

dire ce que l'on pense est normal. ＿＿は普通 → dire［動詞の不定法］（言う）
cacher ses sentiments est mal perçu. ＿＿は悪く思われる → cacher（隠す）

英語とフランス語の冠詞の違い 〰〰〰〰〰〰〰〰〰〰〰〰

1.「Je suis un Français.」と「Je suis français.」の違いについて

Leçon1で, 英語の「I am a student.」とフランス語の「Je suis étudiant.」の違いを説明しました（p.6参照）. 国籍に関しても, 普通は「Je suis français.」と言います. そして「Je suis un Français.」はニュアンスが加わった表現なのです. 日本語に訳せば「僕もフランス人の1人だよ」というような意味になるでしょうか. フランス人であることが強調されます. なお, この「français」は形容詞,「un Français」は名詞です.

2006年ドイツワールドカップでフランス代表のジネディンヌ・ジダン選手が頭突きをして退場処分になったのを覚えている人も多いでしょう. その後, 何故あんなことをしたのか？という質問に対し, ジダン選手はテレビのインタビューで「何より, 私は男だ！」と答えたと日本では報道されました. 実はこれは誤訳なのです.

彼が言ったのは「**Je suis un homme avant tout.**」という文です. 確かに「Je suis un homme / une femme」は「私の性別は男／女です」という意味でも使います. しかしあの時ジダン選手が言ったのは「僕だって人間だよ（神ではない）」ということだったのです.「男」か「人間」かは文脈によります. 対して「Je suis un mec.」は確実に「オレは男だ！」というマッチョな意味になります.「Je suis homme.」はほとんど使いません.

ところが面白いことに女性の場合, 冠詞なしの「Je suis femme」は使います.「私は女っぽい」という意味で, ちょっとセクシャルな意味になってしまうんです. 冠詞1つとっても, いろいろですね.

2. 総称の定冠詞複数の「les」

本文で「Les Français râlent souvent.」という文が出てきましたね. ここでの「フランス人」は「総称」と言い, 日本語に訳せば「フランス人はよく文句を言うものだよ」とか「一般的に言ってフランス人はよく文句を言う」という意味になります. しかし, ここで気をつけておきたいのは, 原義的にこの「les」は「すべての」という意味だということです.「基本的にフランス人であれば, みんな文句を良く言う」のだから「一般的に言って…」という意味になるのです.

ここで「リンゴが好きです」という表現を英語とフランス語で比較してみましょう.

英：**I like apples.** ／仏：**J'aime les pommes.**

どちらも複数ですが, フランス語には「les」が付いています. フランス語の世界では, 世の中にあるすべてのリンゴのことを対象にしているので,「一般的に言って, 私はリンゴが好き」という意味になるのです. 対して, 英語では定冠詞が付かないので, この「総称」の意味がぼけてしまいます. 皆さんはフランス語をやるわけですから, ここはこの「総称のles」をしっかり把握しておきましょう.

Exercices A　次の文を主語を変えて，（　）内に適切な活用形を入れましょう．

1. Les Français ont tendance à se plaindre.
   Nous (　　) tendance à nous plaindre.
   Elle (　　) tendance à se plaindre.
   Vous (　　) tendance à vous plaindre.
2. Tu n'es jamais content !
   Ils ne (　　) jamais contents !
   Nous ne (　　) jamais contents !
   Il n' (　　) jamais content !
3. On ne dit pas toujours tout.
   Nous ne (　　) pas toujours tout.
   Vous ne (　　) pas toujours tout.
   Tu ne (　　) pas toujours tout.
4. Tu veux toujours avoir raison.
   Il (　　) toujours avoir raison.
   Elles (　　) toujours avoir raison.
   Vous (　　) toujours avoir raison.

Exercices B　（　）内の語を並べ替え，訳文の意味のフランス語にしましょう．

1. 常に正論を振りかざすのはよく思われない．
   (toujours / vouloir / raison / avoir) est mal perçu.
2. 眠るのが好きなのは彼の生まれつきの性質だ．
   (est / aimer / sa destinée / dormir).
3. よく文句をいうのはフランス人にとって普通だ．
   (normal / souvent / est / râler) pour les français.

♪6　**Activité**　CDの質問に対し，（　）内の語を選ぶか，あるいは以下の文に言葉を補って答えましょう．（Leçon 0参照）

1. Il est _____.
2. Il le trouve _____.
3. Parce que c'est _____.
4. (Oui / Non).
5. C'est pour _____.
6. (Oui / Non)

フランスのカフェではこうやって代金を請求されます．この小さいお皿にお金を入れて払います．
　ギャルソンはお金を受け取るとこのチケットを破いたり丸めたりします．決して、自分で破ってはいけません．

Leçon 4

Diminutifs

*La semaine, Emma et Thomas **sont** voisins. Pendant les weekends et les vacances, Thomas **va** chez ses parents à Avignon. Emma **va** aussi chez ses parents à Nice, mais moins souvent que son ami*[1].

*Emma et Thomas **quittent** le café.*

Emma : Tom, tu **rentres** à Avignon ce week-end?

Thomas : Ben non! Tu **sais** bien qu'il y **a** une fête chez Anne-Sophie!

Emma : Oh la la, oui! J'**avais oublié**[2]! Pourtant j'y[3] **vais** moi aussi! Tu **vas** seul à la fête chez Anne-Sophie, toi?

Thomas : Non, j'y **vais** avec mon cousin Nicolas.

Emma : Ah? Il **fait** quoi ton cousin? Il **a** quel âge[4]?

Thomas : Il **a** vingt ans[5] et il **est** à l'école des Beaux Arts[6] à Paris.

Emma : Eh ben! Et euh... il **est** mignon?

Thomas : (*rires*) Oui il **est** beau gosse, mais il **a** une copine!

Emma : Oh non >< ...

---

1 moins souvent que son ami :「友達よりは回数が少ないけれど」. 比較級の表現.
2 J'avais oublié! :「忘れてた！」. 大過去の活用.
3 y :「そこに」= Anne-Sophie のうちのパーティ.
4 quel âge :「何歳？」. quel は「なに／どんな」（男性単数形） p. 3 参照.
5 Il a vingt ans :「彼は20歳」. avoir ~ an(s) で「~歳です」
6 l'école des Beaux Arts :「美術学校」

構文

- Je sais que ＿＿＿文＿＿＿. / Tu sais que ＿＿＿文＿＿＿. :「私は／君は ＿＿＿文＿＿＿ を知っている.」

  Tu sais bien qu'il y a une fête chez Anne-Sophie.
  (この課の本文では「パーティーがあるの知っているだろ」くらいの意味)

動詞の活用

直説法現在形

・**aller**（行く）

je **vais**	nous **allons**
tu **vas**	vous **allez**
il **va** / elle **va** / on **va**	ils **vont** elles **vont**

・**savoir**（知る）

je **sais**	nous **savons**
tu **sais**	vous **savez**
il **sait** / elle **sait** / on **sait**	ils **savent** elles **savent**

・**faire**（する）

je **fais**	nous **faisons**
tu **fais**	vous **faites** *
il **fait** / elle **fait** / on **fait**	ils **font** elles **font**

* vous êtes ; vous dites

動詞の活用について

〈-er 動詞〉は多くの教科書で「第一郡規則動詞」と呼ばれ，ほとんどの動詞がこのパターンの活用をします．しかし，この「規則動詞」の活用パターンは以下に述べる「s s t」がないなど，他の動詞と比べてある意味不規則だと言えます．この点に関してこの課に出てくる「savoir」のような「不規則」動詞の方がよっぽど規則的に見えます．

「savoir」の活用を具体的に見てみましょう．まずは，単数と複数に分けて下さい．単数の発音は人称に関わらずすべて同じです．まず，音で覚えて下さい．それから綴りを見て下さい．一人称，二人称，三人称の順に「s s t」となっているのが分かりますね．なお，「pouvoir 出来る」という動詞などでは「s」の代りに「x」が使われます（je peux / tu peux / il peut）．「s」と「x」は等価なんですね．それから「prendre 取る」という動詞などでは「d」が「t」の代りに使われます（je prends / tu prends / il prend）．「s s t」ですから，三人称だけ仲間はずれですね．これが大切な文法の規則なんです．Dictée などでは，特に，ここが問われますから注意して下さい．

次に，複数の活用を見て下さい．〈-er 動詞〉では三人称単数と三人称複数の発音が同じでしたね（例：il donne / ils donnent）．しかし，これは〈-er 動詞〉だけの特徴です．他の多くの動詞では，単数と複数の発音が異なります．例えば，「savoir」であれば主語が複数の時「v」の音が現れますが，単数の時に「v」の音はありません．

なお，「avoir」の三人称複数が「ils ont」，「aller」が「il vont」，「faire」が「ils font」は例外です．「être」「dire」「faire」の二人称複数も「vous êtes」「vous dites」「vous faites」であり「-ez」の語尾にならず，例外ですので合わせて覚えましょう．

🎧8 **読んでみよう！**

En France, entre jeunes et/ou entre amis on n'**utilise** pas *–chan* ou *–kun* comme en japonais, par contre on **donne** très souvent ce que l'on **appelle** des diminutifs[1].

Ces diminutifs **ont** d'une part une valeur affective[2] (on n'**appelle** pas des inconnus par un diminutif, ou alors pour **rire**), d'autre part, c'**est** plus pratique[3] car certains prénoms **sont** un peu long. D'ailleurs à ce sujet, il **existe** ce qu'on **appelle** des prénoms composés[4], c'est-à-dire 2 prénoms reliés par un tiret « - » pour **créer** un seul prénom.

Tu **trouves** ça compliqué?[5] Voilà un exemple : certaines filles s'**appellent** Anne, d'autres Sophie, mais certaines s'**appellent** aussi Anne-Sophie et leur diminutif **est** Anne-So.

---

1 ce que l'on appelle des diminutifs：「短縮形と呼ばれる言い方」．関係代名詞の用法．p.67参照．
2 Ces diminutifs ont d'une part une valeur affective：「一方で，これらの短縮形は親しみの意を表す」
3 plus pratique：「より便利な」比較級．p.46参照．
4 ce qu'on appelle des prénoms composés：「複合名と呼ばれるもの」．関係代名詞の用法．p.67参照．
5 Tu trouves ça compliqué?：「このことを複雑だと思いますか？」

構文

・**d'une part** ～, **d'autre part** ～：「一方で～，他方で～」
・**certaines** 名詞 ～, **d'autres** ～：「ある (名詞) は～で，他の (名詞) は～」

非人称の on

On mange beaucoup de riz au Japon. [*We eat a lot of rice in Japan.*]（on ＝我々）
日本では米をたくさん食べる．

On parle anglais au Canada. [*They speak English in Canada.*]（on ＝彼ら）
カナダでは英語を話す．

On vous appelle au téléphone.（on ＝誰か）
あなたに電話です．

性数一致（形容詞と名詞）

既に見たように，フランス語の名詞には，単数／複数の区別はもちろんのこと，男性／女性の区別があり，形容詞は名詞の数と性に合わせて変化します．

Il est grand. / Elle est grande. / Ils sont grands. / Elles sont grandes.

そして所有形容詞たとえば「私の」，指示形容詞「この」や疑問形容詞「どの／なんの」も名詞に合わせて変化します（変化の詳細は p.3 参照）．英語では「his（彼の）」と「her（彼女の）」の違いがありますが，フランス語の「son」と「sa」にその違いはありませんので注意して下さい．

Exercices A　（　）内に適当な言葉を入れ，次の英語をフランスにしましょう．

1. *I see his car.*　　　　2. *I read her book.*　　　3. *I like their music.*
   Je vois (　) voiture.　　Je lis (　) livre.　　J'aime (　) musique.

Exercices B　次の文の主語を変え，（　）内に適切な活用形を入れて書き換えましょう．

1. Thomas va chez ses parents à Avignon.
   Nous (　　) chez nos parents à Avignon.
   Je (　　) chez mes parents à Avignon.
   Elles (　　) chez leurs parents à Avignon.
2. Il fait la fête à la maison.
   Elles (　　) la fête à la maison.
   Nous (　　) la fête à la maison.
   Tu (　　) la fête à la maison.
3. Tu sais bien qu'il y a une fête chez elle.
   Nous (　　) bien qu'il y a une fête chez elle.
   Vous (　　) bien qu'il y a une fête chez elle.
   On (　　) bien qu'il y a une fête chez elle.

🎧 9　**Activité**　CDの質問に対し，（　）内の語を選ぶか，あるいは以下の文に言葉を補って答えましょう．（Leçon 0参照）

1. Thomas _____ et Emma _____.
2. (Oui / Non)
3. Il _____ Anne-Sophie.
4. Il _____ Thomas.
5. Il _____ à l'école des Beaux Arts.
6. Il _____.

よくある愛称の例

女性／Filles :

Noémie = Nono　　Aurélie = Auré　　Caroline = Caro　　Camille = Cam
Julie, Julia, Juliette = Ju / Juju / Jul ...　　Alexandra = Alex　　Mélanie = Mel
Emilie = Emi / Mimi / Mili ...　　Anne-Sophie = Anne-So　　Marie-Claire = Marie

男性／Garçons :

Alexandre = Alex　　Nicolas = Nico　　Thomas = Tom　　Ludovic = Ludo
Mickael = Mika　　Maxime, Maxence = Max　　　　Jonathan = Jo / Jon
Sébastien = Seb　　Emmanuel = Manu　　Mathieu, Maturin, Mathis, Mattéo = Mat
Clément = Clèm　　Nathan = Nat　　Patrice = Pat

Leçon 5

« On ne va pas arriver les mains vides ! » 🎧 10

*Avant la fête d'Anne-Sophie, Thomas et Emma **font** des courses à Monoprix*[1].

Emma : Thomas, je **sais** pas quoi **acheter** pour la fête de ce soir... On ne **va** pas **arriver** les mains vides quand même !

Thomas : On (n')**a** qu'à **acheter** une bouteille de vin et des chips, non ? Comme la dernière fois.

Emma : Oui, mais cette fois-ci il **va** y **avoir** plus de monde[2]. **Attends**[3], je **vais appeler** Anne-So pour lui **demander**[4].

*Emma **téléphone** à Anne-Sophie.*

Emma : Allô ? Oui **c'est** moi, on **vient** d'**arriver** à Monoprix avec Tom, qu'est-ce que tu **veux** qu'on **achète** pour ce soir ?

Anne-Sophie : Ben, vous **pouvez acheter** du[5] vin, et quelque chose à **manger** pour l'apéro !

Emma : OK, ça **marche**[6]. A tout à l'heure ! (*Emma **raccroche**.*)

Thomas : Alors ?

Emma : On **prend** une bouteille de vin et un truc à **grignoter**, olives, cacahuètes, ou chips[7]...

Thomas : Et on **prend** quoi comme vin ? Un rosé ?

Emma : Ouais, un rosé !

---

1 Monoprix :「モノプリ」．フランスの大手スーパーマーケット．
2 plus de monde :「より多くの人」
3 Attends :「待って！」．attendre「待つ」という動詞の二人称単数 tu に対する命令法．p.42参照．
4 lui demander :「彼女に聞く」．p.26参照．
5 du : 男性名詞につく部分冠詞．ここではワインという不可算名詞についている．p.30参照．
6 ça marche. : 文字通り訳せば「それは上手くいく」だが，ここでは「OK, それでいこう」
7 olives, cacahuètes, ou chips :「オリーヴ，ピーナッツやポテトチップ」．名詞を並列する時，このように冠詞が落ちることがある．

構文

1. **quoi** ＋不定法：「何を～すればよいか」
   Il sait quoi faire.　彼は何をしたらよいか知っている．
2. **aller** ＋不定法：確実に起こる未来「（確実に）～する」
   Elle va rentrer tout de suite.　彼女はすぐに帰ってきます．
3. **n'avoir qu'à** ＋不定法：「～するしかない」
   ＊現在，会話文では「ne」が省略されることが多い．
   On (n')a qu'à acheter une bouteille de vin.　ワインを一本買うしかない．
4. **pour** ＋不定法：「～するために」
5. **venir** ＋ **de** ＋不定法：近接過去　「～したところだ」
6. 名詞＋ **à** ＋不定法：「～するモノ」
   quelque chose à manger　何か食べるもの　un truc à grignoter　つまむもの

動詞の活用

直説法現在形

- **acheter**（買う）

j'achète	nous achetons
tu achètes	vous achetez
il achète / elle achète / on achète	ils achètent elles achètent

- **appeler**（電話をかける／呼ぶ）

j'appelle	nous appelons
tu appelles	vous appelez
il appelle / elle appelle / on appelle	ils appellent elles appellent

- **pouvoir**（出来る）

je peux	nous pouvons
tu peux	vous pouvez
il peut/elle peut / on peut	ils peuvent elles peuvent

- **prendre**（取る）

je prends	nous prenons
tu prends	vous prenez
il prend / elle prend / on prend	ils prennent elles prennent

Exercices A　語を並び替えて訳文の意味のフランス語を作ってみましょう．なお，動詞は不定法を提示しているので，適当な形に変える必要があるものがあります．

1. 音楽祭で何を歌ったら良いか分からない．
   (quoi / la fête de la musique / savoir / pas / à / je / chanter / ne)
2. 彼は今丁度エマに電話したところだ．
   (téléphoner / Emma / venir / de / à / il)
3. 彼女は何か飲み物を買いにモノプリに行く．
   (aller / elle / à / pour / boire / Monoprix / quelque chose / acheter / à)
4. ロゼワインを一本買うつもりだ．
   (aller / on / prendre / rosé / un)

🎧 11 **Activité**   CDの質問に対し，（　　）内の語を選ぶか，あるいは以下の文に言葉を補って
答えましょう．（Leçon 0参照）

1. Il lui propose d'_____.
   （ヒント　proposer de ＋不定法＋ à 人：「人に～することを提案する」）
2. _____ qu'elle _____ pour la fête chez Anne-So.
3. Elle _____.
4. Elle demande _____.
5. (Oui / Non).
6. Ils _____.

🎧 12 ┌─ 読んでみよう！ ──────────────────

　Au Japon, lorsqu'on **décide** de **se voir** entre amis on **se donne**, par exemple, rendez-vous[1] dans un(e) *izakaya*.

　En France, on n'**hésite** pas à **inviter**[2] ses amis chez soi[3]. C'est une pratique très courante chez les jeunes comme chez les plus âgés ! Lorsque l'on[4] **veut rencontrer** des gens, on **sort** dans des cafés, des pubs, des boîtes... Mais lorsqu'on **veut** juste **être** entre amis, souvent, on **reste** dans le confort d'un appartement.

　Toutes les occasions **sont** bonnes pour **inviter** des copains chez soi : anniversaire, réussite à un examen, repas, emménagement[5] (on **appelle** ça une « pendaison de crémaillère »[6])... Les Français **aiment se retrouver**[7] pour **faire** la fête, pour **recevoir**, notamment pour **préparer** de bons repas[8]. Quand on **est invité**[9] chez quelqu'un, il n'**est** pas très correct d'**arriver** « les mains vides »[10], c'est-à-dire qu'il **faut apporter** une bouteille de vin, ou un dessert, ou des fleurs... Tout **dépend** de la personne qui nous **invite**[11], si on **mange** chez cette personne, ou si on y[12] **va** simplement pour **boire** un thé !

───────────────────────────

1　se donner rendez-vous：「会う約束をする」
2　ne pas hésiter à ～：「躊躇いなく～する／遠慮なく～する」
3　chez soi：「自分の家」
4　l'on：lorsque ＋ on は「e」と「o」が母音なので，「lorsqu'on」か「lorsque l'on」になる．この「l'」に意味はない．
5　anniversaire, réussite à un examen, repas, emménagement：名詞が並列されているので冠詞が落ちている．
6　(la) pendaison de crémaillère：「新居祝い」
7　se retrouver：「集まる」（本来は「いる・ある」という意味で使うことが多い）
8　de bons repas：通常「des repas（不定冠詞複数形＋複数名詞）」だが，複数名詞（＝ repas）の前に形容詞複数形（＝ bons）がくると，その前には冠詞の「des」ではなく「de」がつく．
9　on est invité：「招待される」．動詞 être ＋過去分詞で受動態．
10　il n'est pas très correct d'arriver « les mains vides »：il ＝ d'arriver ～．「何も持たずに行くこと（＝ d'arriver ～）は　ほめられたことではない」
11　la personne qui nous invite：「私たちを招待してくれる人」．la personne ＝先行詞，qui ＝主格の関係代名詞，nous ＝「私たちを」．関係代名詞は p.34参照．
12　y：「そこに」＝ その人の家．

不定法 (le mode infinitif) について

　中学校や高校の英語では「動詞の原形」や「不定詞」と言われています．動詞を形を変えずにそのままの形で使う方法のことです．英語でも「the infinitive mode」と言い，「mode」なのですから，「形」や「詞」ではなく，「不定法」というのが正しいと思います．そもそも「to 不定詞」の「to」が不可解な言葉ですね．後に来るのが動名詞でない以上，明らかに他の前置詞とは違います．では何かと言うと，フランス語との比較の上で「to」は「不定法であることを示すマーキングの言葉」だと僕は捉えています．（歴史的には「to 動名詞」は「to + 目的格」なのに対し，「to 不定詞」は「to + 与格」なのだそうです．）
　例えば，「君は泳ぐのが好き」という文を英語とフランス語で考えてみましょう．

　（英）You like to swim. / （仏）Tu aimes nager.

英語には「swim = 泳ぐ」の前に「to」がありますが，フランス語の「nager = 泳ぐ」の前には何にもありません．
　何より，英語の場合「like」は直説法現在形に活用している形で，「swim」は活用していない「不定法」ですが，外見上ではどちらが活用していて，どちらが活用していないか分かりません．それで，活用していない「不定法」の前には活用していないことを示す「to」を置いている，と理解出来ます．対して，フランス語の場合，外見上，「aimes」が活用していて，「nager」が活用していないのが一発で分かります．
　それから英文法には「名詞的用法」「形容詞的用法」「副詞的用法」を区別するという問題がありましたが，フランス語にはありません．英語の形容詞的用法にあたる「quelque chose à manger　何か食べるもの」といった表現には「à」という前置詞しか使わないからです．更に，名詞を伴わず「À lire」と言うと「読むべし」というような感じになります．

日本では当たり前にあって、フランスにないものの１つが網戸。というわけで、屋内のハエ取り紙にはやっぱり…

テーブルの上には…

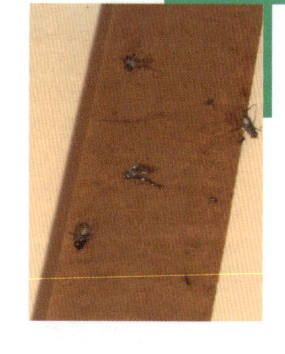

« LA MODE » 🎧 13

*Emma **passe** le weekend avec sa famille, à Nice.*

Marie (*la Maman d'Emma*) : Emma, tu **peux** me **donner** ton linge sale s'il te plaît? Je **vais faire** une machine.

Emma : **Attends**, je **finis** de **regarder** le défilé Chanel[1] à la télé!

Marie : Le défilé Printemps-Été? Je **viens** le **voir**[2] avec toi!

Emma : Mon Dieu[3]! **Regarde** cette robe blanche![4] Elle **est** magnifique! Je **veux** la même[5]! Ah si seulement j'**étais** riche…[6]

Marie : (*rires*) C'**est** possible ma chérie[7], mais seulement si tu **te maries** avec un millionnaire!

Emma : (*triste*) Ça n'**arrivera** jamais[8]! Je **veux** un sac Vuitton aussi.

Marie : Si tu **veux**, cet après-midi, on **va faire** un tour aux Galeries Lafayette pour **voir** des sacs de grandes marques. Peut-être que tu **peux trouver** un joli sac dans tes prix?

Emma : J'**espère**![9] En tout cas la Haute Couture, ça **fait** vraiment **rêver**.

Marie : Oui, c'est sûr. Chaque pièce **est** une véritable œuvre d'art… Sur ce[10], tu **vas** me **donner** tes robes H&M, je **vais** la **faire** cette machine!

---

1 le défilé Chanel：「シャネルのファッションショー」．le défilé は本来「行列」の意．
2 Je viens le voir：venir +不定法で「〜しに来る・行く」．venir は「相手のところに向かう」の意．
3 Mon Dieu!：「まあ（驚きを表す）」．Dieu は本来は「神」の意．
4 Regarde cette robe blanche!：「この白いドレスを見て！」．regarde は regarder の命令法．p.42参照．
5 la même：「同じもの（＝これと同じドレス）」ここでは女性定冠詞 la がついているのでその前の女性名詞．
6 j'étais riche：étais は être の半過去形．ここでの意味は「私がお金持ちでありさえすれば」．詳しくは条件法（p.62）参照．
7 ma chérie：直訳すれば「私の愛しい人」だが，ここでは母親の娘に対する呼びかけ．
8 Ça n'arrivera jamais：「そんなこと永遠にありはしないわ」．arrivera は未来形．
9 J'espère!：「そうだと良いな！」
10 Sur ce：「それじゃあ」

動詞の活用

直説法現在形
・**finir**（終える・終わる）

je finis	nous finissons
tu finis	vous finissez
il finit / elle finit / on finit	ils finissent / elles finissent

代名詞

・一人称と二人称

		直接目的補語（〜を）	間接目的補語（〜に）
1 単数	je	**me (m')**	**me (m')**
2 単数	tu	**te (t')**	**te (t')**
1 複数	nous	**nous**	**nous**
2 複数	vous	**vous**	**vous**

・三人称

		直接目的補語（〜を）	間接目的補語（〜に）
3 単男	il	**le (l')**	lui
3 単女	elle	**la (l')**	lui
3 複男	ils	**les**	leur
3 複女	elles		

　　　　　　本を　　　ピエールに
Je donne　un livre　à Pierre.　私は本をピエールにあげる．
　　　　　直接目的語　**間接**目的語

「à」という前置詞を介して動詞（donner）と間接的に繋がっている目的語が「**間接**目的語」
前置詞を介さずに動詞と直接繋がっている目的語が「**直接**目的語」

直接目的語を代名詞にすると
　　Je le donne à Pierre.　私はそれをピエールにあげる．
間接目的語を代名詞にすると
　　Je lui donne un livre.　私は彼に本をあげる．

★ポイント
① 代名詞の位置は**動詞の直前**
② 語順

主語 + [me / te / nous / vous / se] ― [le / la / les] ― [lui / leur] + **動詞**

　　Je le lui donne.　私はそれを彼にあげる．
　　Je te le dis.　私は君にそれを言う．
　　＊間接目的補語（〜に）は一人称と二人称の時，主語の直後．三人称の時，動詞の直前．

直接目的語と間接目的語の語順について

　フランス語の直接目的語とは前置詞のついていない目的語，間接目的語とは前置詞のついていない目的語になります．日本語で「私は本をピエールにあげる」でも「私はピエールに本をあげる」でも通じるように，フランス語でも「Je donne un livre à Pierre.」でも「Je donne à Pierre un livre.」でも通じます．英語に比べ語順の縛りが弱いんですね．

　対して，目的語が代名詞に代わると，語順の縛りは厳格になります．それはしっかり守らなければならないのですが，正直「主語＋［me / te / nous / vous / se］—［le / la / les］—［lui / leur］＋動詞」という公式を覚えるのはキツいですよね．

　そこで，
　Je le lui donne.　私はそれを彼にあげる．
　Je te le dis.　私は君にそれを言う．
という2つの文を何回も口に出して覚えてみて下さい．そうしてから，上記の公式を思い出すようにしたほうが楽に覚えられるように思います．

🎧 14　読んでみよう！

　La Haute Couture **est née** et **s'est développée** en France[1]. Pour autant[2], ce milieu de la mode n'**est** pas accessible à tous les Français[3], loin de là[4]! On **peut considérer** la Haute Couture comme un véritable travail d'artiste. Toutes les pièces produites **sont** uniques et **demandent** de très longues heures[5] de travail. Ainsi, elles **coûtent** très chères et la majorité des gens ne **peut** pas les **acheter**.

　On **dit** souvent des Françaises[6] qu'elles **aiment** la mode et **sont** très coquettes, mais ce n'**est** pas toujours vrai. Beaucoup de jeunes filles comme Emma **s'intéressent** à la mode en France, elles **lisent** des magazines et **passent** des heures dans les boutiques, comme les Japonaises. Mais d'autres ne s'y **intéressent**[7] pas, et **préfèrent rester** simples, naturelles.

　Ainsi quand on **se promène** en France on **peut voir** toutes sortes de styles vestimentaires et de looks[8].

1　La Haute Couture est née et s'est développée：est née は naître（生まれる）という動詞の複合過去形，s'est développée は se développer（発展する）という代名動詞の複合過去形，この一文の訳は「オートクチュールはフランスで生まれ，発展した．」複合過去形は p.54参照.
2　Pour autant, 否定文：「だからと言って〜ではない」
3　tous les Français：「すべてのフランス人」．tous les 〜で「すべての〜」
4　loin de là：「そこからほど遠い」
5　de très longues heures：通常 des heures（不定冠詞複数形＋名詞複数形）だが，名詞複数形（heures）の前に形容詞複数形（longues）がくると，その前には冠詞の des ではなく de がつく．
6　des Françaises：「フランス人女性に関して」
7　d'autres s'y intéressent：中性代名詞 y は「à＋〜」を受ける（y = à la mode）.
　（例）Je suis à Tokyo. → J'y suis.
8　looks：「ルック」．英語からの借用語．若者言葉．

ça を使った表現

ça：「これ／それ」の意で，目の前のものを指すこともあれば，それまでの話の内容を漠然と指すこともある．

1. Ça va? 元気？
2. Ça marche! 上手くいってる．／じゃあ，そういうことで．
3. Ça vous dit? / Ça te dit? これで良いかい？
4. Ça me dit quelque chose. 聞いた（見た）ことがある．
5. Ça tombe bien! 丁度良かった．丁度よいタイミングだ．
6. Ça n'arrivera jamais. そんなこと永遠にあり得ないよ．
7. Ça fait combien? ― Ça fait 2 euros 80. （合計で）いくらですか？―2€80です．
8. Ça fait rêver. うっとりしちゃう．
   (ここでの fait [faire] は使役動詞で「～させる」．～にあたる動詞は「rêver＝夢見る」だから「それは夢を見させてくれる」が原義．)
9. Ça me fait penser à… . それを聞くと（見ると）…を思い出す．
   (この fait [faire] もやはり使役動詞．「それが私に…のことを思い起こさせる」が原義．)

Exercices　次の文の（　）内に日本語にあうように適切な直接目的語 [me, te, le / la, nous, vous, les] と間接目的語 [me, te, lui, nous, vous, leur] を入れましょう．

1. （電話で tu と話していて）彼女に代わるよ．
   Je (　　　) (　　　　) passe.
2. 彼らにそれについて言っといてくれる？
   Tu (　　　) (　　　　) dis?
3. （vous と話していて）それについて言わせて頂きます．
   Je (　　　) (　　　　) dis.
4. 彼にそれをあげる．
   On (　　　) (　　　　) donne.

🎧15 **Activité**　CDの質問に対し，次の文に言葉を補って答えましょう．

1. ＿＿＿＿＿＿＿＿＿＿＿＿＿＿ une machine.
2. Elle ＿＿＿＿＿＿＿＿＿＿＿＿．
3. Elle ＿＿＿＿＿＿＿＿＿＿＿＿．
4. Elle lui propose d'＿＿＿＿＿＿＿＿＿＿＿．
   （ヒント　proposer de＋不定法＋à 人：「人に～することを提案する．」)
5. Elle lui demande d'＿＿＿＿＿＿＿＿＿＿＿．
   （ヒント　demander de＋不定法＋à 人：「人に～することを頼む」)

写真はパリのメトロの駅にある公衆電話。多分、壊れているのではなく、フランス人特有のアート感覚だと思います。何故なら、長い間このままで放置されていますから

Leçon 7

Les habitudes alimentaires

🎧 16

*Il est 17h[1], Emma **vient de sortir** de sa résidence universitaire et **rencontre** Hugo, un copain.*

Hugo : Coucou Emma!

Emma : Hé, salut Hugo! Ça **fait** longtemps![2] Ça **va**, toi?

Hugo : Oui oui, et toi?

Emma : Très bien! Tu **vas** où, là[3]?

Hugo : Je **vais acheter** du pain.

Emma : Ça **tombe** bien[4], je **meurs** de faim[5]! Je **peux venir** avec toi? J'**ai** bien envie[6] d'un pain au chocolat!

Hugo : **Allez**[7]!

À la boulangerie.

Hugo : Bonjour, je **vais** vous **prendre** des baguettes s'il vous plaît.

La boulangère : Oui, il vous en **faut** combien?

Hugo : Euh... une. Non! Deux, pardon.

La boulangère : Ce **sera** tout?[8]

Hugo : (*se tourne* vers Emma) Tu **voulais** pas quelque chose?[9] Je t'**invite**![10]

Emma : Oh c'**est** trop gentil!! (*à la boulangère*) Il vous **reste**[11] des pains au chocolat?

La boulangère : Oui, il nous en **reste** mais que des minis[12].

Emma : OK! Alors je **vais** vous en **prendre** deux.

La boulangère : Voilà, ça vous **fait**[13] 2 euros 80.

Hugo : **Tenez** Madame! Merci, au revoir!

La boulangère : Au revoir!

---

1 Il est 17h:「17時です」. この il は非人称.
2 Ça fait longtemps!:「久し振り！」
3 là : = maintenant.
4 Ça tombe bien:「丁度良かった」
5 je meurs de faim:「お腹が減って死にそう」. meurs < mourir（死ぬ）.
6 J'ai bien envie de : avoir envie de ～で「～が欲しい」「～したい」
7 Allez!: allez は « oui » の婉曲表現.
8 Ce sera tout?:「(買うものは) これですべてですか？」. お店でよく聞く定型表現. sera は être の三人称単数未来形.
9 Tu voulais pas quelque chose?:「何か欲しくない？」. voulais = vouloir（望む）の半過去形. p.54 参照.
10 Je t'invite!:「おごるよ」
11 Il vous reste ～ : Il reste ～で「～が残っている」. この il は非人称.
12 que des minis : Il ne reste que des minis.「ミニサイズのものしか残ってません」; Il nous en reste mais que des minis.「それは残っていますが，ミニサイズのものしかありません」
13 ça vous fait : Ça fait ～で「合計で～です」. 会計をする時の定型表現.

部分冠詞

- 「数えられない＝不可算名詞」とされる名詞につく冠詞

		母音／無音のhで始まる名詞	例	
男性名詞	**du**	**de l'**	**du pain**（パン）	**de l'argent**（お金）
女性名詞	**de la**	**de l'**	**de la viande**（肉）	**de l'eau**（水）

＊ de + le → du（女性定冠詞は「de la」，母音で始まる名詞が続く場合は「de l'」）

- 英語とフランス語の冠詞の違い（フランス語は基本的に冠詞がつく言語）

There are apples.　　Il y a des pommes.
I like apples.　　J'aime les pommes.
There is wine.　　Il y a du vin.
I like wine.　　J'aime le vin.

〈英語〉	*apple*
不定冠詞単数	*an apple*
不定冠詞複数	*apples*
定冠詞単数	*the apple*
定冠詞複数	*the apples*
無冠詞単数	*apple*

〈フランス語〉	pomme
不定冠詞単数	une pomme
不定冠詞複数	des pommes
定冠詞単数	la pomme
定冠詞複数	les pommes
部分冠詞	de la pomme
無冠詞	pomme

中性代名詞 en

- 不定冠詞（un / une / des）と部分冠詞（du / de la / de l'）のつく名詞を受ける．

Je vais prendre des baguettes.　→　Je vais **en** prendre.
（複数の）バゲットをお願いします．　　それをお願いします．

Je vais acheter du pain.　→　Je vais **en** acheter.
パン（不可算名詞）を買いに行きます．　　それを買いにいきます．

★ポイント　代名詞（＝ en）は常に**動詞の直前**

- **動詞の後**に数量情報を付け加えることができる．

Il nous **en** (= des pains au chocolat) reste.　Il vous **en** faut combien？
私たちには**それ**（チョコレートパン）が残っています．　それをいくつ要りますか？

Alors je vais vous **en** prendre deux.
では，それを2つお願いします．

J'ai quatre sacs.　→　J'**en** ai quatre.（**en** = **des** sacs）
私はカバンを4つ持っている．　　私は**それ**を4つ持っている．

J'ai beaucoup de sacs.　→　J'**en** ai beaucoup.（**en** = **des** sacs）
私はたくさんカバンを持っている．　　私は**それ**をたくさん持っている．

Ils boivent 3 bouteilles de vin par jour.　→　Il **en** boit 3 bouteilles par jour.
彼らはワインを1日に3本飲む．　　（**en** = **du** vin）
　　　　　　　　　　　　　　　　　彼らは**それ**を1日に3本飲む．

Il boit un peu de vin.　→　Il **en** boit un peu.（**en** = **du** vin）
彼はワインを少し飲む．　　彼らは**それ**を少し飲む．

Exercices A　(　) 内に適当な冠詞を入れましょう．

– Moi, je prends (　　　) café. J'aime bien (　　　) café.
– (　　　) pression, s'il vous plaît! (　　　) bière, c'est trop bon quand il fait chaud comme ça.
– Et puis, (　　　) eau, s'il vous plaît! (　　　) carafe d'eau!!
– On va écouter (　　　) Mozart? J'aime bien (　　　) musique classique.

Exercices B　次の文を代名詞 en を使って書きかえましょう．

1. Tu manges du riz. → _____.
2. Je vais prendre de la bière. → _____.
3. Nous avons trois voitures. → _____.
4. Il boit 4 litres de bière. → _____.

🎧 17　**Activité**　CD の質問に対し次の文に言葉を補って答えましょう．

1. Elle _____.
2. Il _____.
3. _____ elle _____.
4. Elle _____.
5. Il _____.
6. Elle _____ achète _____.

🎧 18　**読んでみよう！**

　　La boulangerie **est** un commerce incontournable en France. Si les japonais **consomment** beaucoup de riz, les Français, eux, **mangent** plutôt du pain. À la boulangerie on **trouve** des choses salées (pain, tartes, pizzas, sandwiches[1] ...) mais surtout des produits sucrés : c'**est** essentiellement ce qu'on **appelle** les « viennoiseries »[2] (croissants, pains au chocolat), ainsi que des gâteaux.

　　Les Français **ont** tendance à[3] **manger** sucré le matin au petit déjeuner (tartines de confiture, céréales, fruits, boissons chaudes sucrées[4]) ainsi qu'à la fin des repas (desserts) et au moment du goûter : ainsi en fin d'après-midi de nombreuses personnes[5] **aiment s'arrêter** dans une boulangerie pour **acheter** une viennoiserie.

　　Manger dans la rue n'**est** pas incorrect, et le midi on **peut croiser** beaucoup de gens dans les rues en train de **manger** des sandwiches[6].

―――――――――――――

1 pain, tartes, pizzas, sandwiches：名詞が並列されているので冠詞が落ちている．
2 ce qu'on appelle les « viennoiseries »：「viennoiseries » と呼ばれるもの」．p.67参照．
3 Les Français ont tendance à：avoir tendance à ＋不定法で「～する傾向がある」
4 tartines de confiture, céréales, fruits, boissons chaudes sucrées：名詞が並列されているので冠詞が落ちている．
5 de nombreuses personnes：de ＋形容詞複数形＋名詞複数形．p.27注5参照．
6 beaucoup de gens dans les rues en train de manger des sandwiches：「道でサンドウィッチを食べているたくさんの人々」

「数えられない名詞」について

　私たちは中学の英語の授業でこの「数えられない」という概念を学びますが，良く分からなかったという人多いのではないでしょうか？　水が数えられない，というのは納得できますね．でも，日本人にとってパン，チーズや紙が「数えられない」というのは奇妙な感じがします．ここではそれを説明します．

　最初に一言で定義しておくと**「決まった単位がついていないもの」**ということになります．

　カフェに入った時，確かに「Une eau, s'il vous plaît.（水1つお願いします）」とは言えないのは分かります．でも面白いことに，フランスのカフェでは「Un café, s'il vous plaît.（コーヒ1つお願いします）」は言うんです．水もコーヒーも同じ液体なのに，これは一体どういう訳でしょうか？

　これはまさに単位の問題です．「Un café（コーヒ1つ）」と言った場合，カップで出てきますね．ところが水の場合は，un verre d'eau（コップ1杯），une carafe d'eau（水差し1つ），une bouteille d'eau（瓶1本）とばらばらなのです．更に，bouteille（瓶）は330ml，1l，1.5lとサイズがまちまちですね．つまり「Une eau（水1つ）」の単位が決まっていないのです．

　パンの場合を考えてみましょう．パンと言ってもクロワッサンからバゲットまでいろいろな形とサイズのものがたくさんありますね．ですから，「パン1つ」ではどれのことだか分からないので，部分冠詞をつけて「数えられない」と捉えます．対して，「バゲット1本」あるいは「チョコレートパン1つ」と言えば，1個のサイズはその店で決まっているというわけです．

（例）果物が食べたい！（avoir envie de ～「～したい」）

加算　：J'ai envie de manger une pomme. (une orange / une pêche / une poire / une banane)
　　　　　　　　　　　　　　　リンゴ　　オレンジ　　　桃　　　　梨　　　　バナナ

不可算：J'ai envie de manger du melon. (de la pastèque / du raisin)
　　　　　　　　　　　　　　　メロン　　　スイカ　　　ブドウ

　フランスではリンゴ，オレンジ，桃，梨やバナナは丸ごと1つ出てきます．だから「数えられる」名詞です．対して，メロンやスイカは切って出てきます．どのくらいの大きさに切るか決まっていないので「数えられない」と見なされます．

チーズの場合

　le fromage（チーズ）は「数えられない名詞」と習います．最初は私も何でチーズが「数えられない」のか分かりませんでした．でも，この写真を見ると分かりますね．いろいろな大きさのチーズがあり「チーズ1つ」では，どれのことだか分からないからです．

Leçon 8

Romantisme et galanterie[1]

🎧 19

*Emma et Hugo **reviennent** de la boulangerie[2].*

Emma : Vraiment Hugo, je te **trouve** très galant[3] !

Hugo : Ah bon, pourquoi ?

Emma : Ben, parce que tu **viens** de m'**offrir** des pains au chocolat. Encore merci !

Hugo : Y **a** pas de quoi[4] ma petite Emma[5] ! Ça me **fait plaisir**[6].

Emma : J'**insiste**, y **a** vraiment des types[7] qui n'**offrent** rien du tout[8].

Hugo : Je **trouve** ça normal d'**avoir** de petites attentions[9] pour les filles[10].

Emma : C'**est** vrai en fait, la plupart de mes copains m'**aident** quand j'**ai** des affaires trop lourdes à **porter**.

Hugo : Tu **vois** ! Je ne **suis** pas le seul. Je **préfère passer** du temps à **aider** une fille en difficulté. Il y **a** quelque chose de typiquement français qu'on **réalise** quand on **voyage**. Par exemple on ne **demande** ni le poids, ni l'âge[11] d'une femme. Et le romantisme, alors ? Tu en **penses** quoi, en tant que femme.

Emma : Le bouquet de fleurs rouges, le poème d'amour... Je **connais** peu de femmes qui **apprécient** encore vraiment ça, surtout chez les jeunes ! En ce moment, la mode dans le romantisme c'**est** de **surprendre** sa chérie, comme par exemple lui **préparer** un bon repas, et **passer** toute la soirée avec elle.

Hugo : OK ! Je **prends** note[12] (*rires*) !

---

1 galanterie :「ギャラントリ」. (男性の女性に対する) 優しさ.
2 Emma et Hugo reviennent de la boulangerie : ここの de は「〜から」の意味.
3 Je te trouve galant : 私は [je]「君 [te]」=「優しい [galant]」と「思う [trouve]」
4 (Il n') y a pas de quoi :「どういたしまして (大したことないよ)」
5 ma petite Emma : ma petite とついているのは Emma に対する愛称.
6 Ça me fait plaisir : faire plaisir で「〜を喜ばせる」.「嬉しい」という気持ちを伝える慣用表現.
7 y a vraiment des types : 会話なので il が省略されている.
8 rien du tout :「まったく〜ない」. 否定の強調表現.
9 de petites attentions : de + 形容詞複数形 + 名詞複数形. p.27 注 5 参照.
10 Je trouve ça normal d'avoir de petites attentions pour les filles :「私は [je]」「それ [ça]」=「普通 [normal]」だと「思う [trouve]」.「それ [ça]」= d'avoir de petites attentions pour les filles (女の子に対してちょっとした気遣いをすること)
11 ni le poids, ni l'âge :「体重も歳も〜ない」
12 Je prends note :「メモっておくよ」

関係代名詞　文が名詞を説明する．

・**主格 qui**
① Il y a des types.
② Ces types n'offrent rien du tout.
　　　主語　　　動詞　　　　目的語

①の文の「des types（人たち）」がどういう人たちかを②の文が説明している．
②の文の「ces types」が主語なので 主格の関係代名詞「qui」を使う．
　→ Il y a des types qui n'offrent rien du tout.　私に何もくれない人たちがいる．
　　　　先行詞　　　　関係代名詞節

Tout dépend de la personne qui nous invite. (L.5)
すべては私たちを招待してくれる人次第です．

Emma va regarder un film qui vient de sortir.
エマは封切られたばかりの映画を観に行く．

Philippe et Marie ont un enfant qui va avoir 3 ans.
フィリップとマリにはまもなく3歳になる子供がいます．

・**目的格 que**
① Il y a quelque chose de typiquement français.
② On réalise quelque chose de typiquement français.
　　主語　動詞　　　　目的語

①の文の「quelque chose de typiquement français（典型的にフランス的な何か）」がどういうものなかを②の文が説明している．
②の文の「quelque chose de typiquement français」が目的語なので 目的格の関係代名詞「que」を使う．
　→ Il y a quelque chose de typiquement français qu' on réalise quand on voyage.　　　　　　　　　先行詞　　　　　　　　　　関係代名詞節
　　旅行した時に気づく典型的にフランス的な何かがある．

＊名詞を**形容**する関係代名詞節がその名詞の**後ろ**からかかることに注意．

Le romantisme n'a plus le sens qu'on en avait.
ロマンティズムにはもはやかつて使われていたような意味はない．

Emilie va mettre la robe qu'elle aime ce soir.
エミリは今晩彼女のお気に入りのドレスを着る．

Le gâteau au chocolat est un dessert que je veux manger maintenant.
チョコレートケーキは私が今食べたいデザートです．

Le bus que tu dois prendre est le No. 19.
君が乗るべきバスは19番のバスです．

名詞と形容詞の語順について

　ここでは形容詞を「名詞を修飾・説明する言葉」と定義します．日本人の感覚から言えば，［形容詞＋名詞］，つまり形容詞が最初で，名詞が後が当たり前です．更に，英語でも「*a red car* 赤い車」とか「*an easy question* 簡単な質問」と言いますから，［形容詞＋名詞］の語順はますます当たり前のものとして受入れられてしまいます．

　しかし，フランス語では，「un grand chat 大きい猫」や「un bon repas おいしい食事」のように［形容詞＋名詞］の語順になる表現もあるにはありますが，基本的に

名詞＋形容詞

の語順になるのです．例えば「une voiture rouge 赤い車」「une question facile 簡単な質問」です．ということで，この語順に慣れて下さい．

　次に分詞を考えます．分詞とは「動詞が形容詞化したもの」です．ですから，当然，語順は［名詞＋分詞］になります．例えば，

　　un travail fatigant　　疲れる仕事
　　　＊ fatiguer が「疲れさせる」という動詞で現在分詞が fatigant

　　l'homme marchant sur la Lune　　月の上を歩く男
　　　＊ marcher sur la Lune が「月の上を歩く」，marcher という動詞の現在分詞が marchant．動詞句（＝動詞を中心とする一連の言葉）が名詞 l'homme を後ろから修飾しています．

　最後に関係代名詞を考えます．中学や高校では「関係代名詞とは2つの文を1つに繋ぐもの」と教わりますね．対してここでは「名詞を文（＝関係代名詞節）が修飾するもの」と理解しましょう．

　　un film qui vient de sortir：un film ＋ celui-ci (= qui) vient de sortir.
　　　＊ un film という1つの名詞を celui-ci (= qui) vient de sortir という文が後ろから修飾しています．

　　la robe qu'elle aime：la robe ＋ elle aime (la robe)
　　　＊ la robe という1つの名詞を elle aime (la robe) という文が後ろから修飾しています．

　思えば，英語の「*a disc flying in the sky*」も「*a man who lived in Japan*」もそれぞれ動詞句と関係代名詞節が名詞を後ろから修飾していますね．**名詞が最初で形容詞が後**，この語順をしっかり体に染み込ませましょう．

🎧 20　　読んでみよう！

　Les discussions entre amis sur les sentiments ne **sont** pas rares chez les Français, elles **sont** de différentes natures[1] selon les âges.

　Chez les ados[2], les questions sur l'amour et les relations **commencent** réellement à **se poser**. Les filles **parlent** plus facilement entre elles que les garçons, mais plus on **avance** en âge (passage du collège au lycée par exemple), plus on **partage**[3] des discussions avec le sexe opposé, parfois pour **demander** des conseils, **confronter** ses expériences, ou au contraire, ses doutes. Mais, il **existe** aussi des personnes pudiques qui n'**aiment** pas **parler** de leurs sentiments.

1　de différentes natures：de ＋形容詞複数形＋名詞複数形．p.27注 5 参照．
2　les ados ＝ les adolescents.
3　plus on avance …, plus on partage … :「plus 主語 1 ＋動詞 1 , plus 主語 2 ＋動詞 2」で「主語 1 が動詞 1 するほど，主語 2 が動詞 2 する」

Exercices　（　）内に適当な関係代名詞を入れましょう．

1. La pomme est un fruit (　　　) pousse sur les arbres.
2. La musique (　　　) j'aime est le rock.
3. Voici les sites (　　　) parlent de Tokyo.
4. C'est un livre (　　　) m'intéresse.
5. Le livre (　　　) je veux acheter coûte 2000 yens.

🎧 21　**Activité**　CD の質問に対し次の文に言葉を補って答えましょう．

1. Parce _____.
2. Parce que _____.
3. Ils l'aident quand _____.
4. Parce qu'il _____.
5. Ils réalisent par exemple qu' _____.
6. Elles n'apprécient pas _____.
7. C'est _____. C'est par exemple _____.

Leçon 9 — Les fêtes de fin d'année 🎧 22

*À Nice, chez les parents d'Emma, le matin du 24 décembre. Emma **vient de se réveiller**.*

Emma : Bonjour Maman! Tiens[1], où il **est** Papa?

Marie : Bonjour ma belle[2] (*Emma et Marie **se font** la bise*[3]), ton père **est** à la piscine[4], il **rentre** bientôt.

Emma : Ah OK. Bon, je **prends** vite mon petit déj[5] et je **viens** t'**aider** à la cuisine.

Marie : C'**est** pas de refus[6], merci! Il y **a** vraiment beaucoup de choses à **faire**.

Emma : T'**inquiète**[7], je **prends** juste un thé et une tartine, après je **me lave**, et j'**arrive**. (*Emma **boit** son thé*) Pfff, j'**arrive** vraiment pas à **me réveiller** aujourd'hui...

Marie : C'**est** normal, tu **te couches** trop tard en ce moment!

Emma : Mais Maman, c'**est** les vacances! Allez, je **vais** tout de suite **me doucher**, ça va aller mieux[8].

*Emma et Marie **sont** dans la cuisine, Mattéo le père **rentre** de la piscine.*

Mattéo : Coucou! Ah, (vous êtes) déjà aux fourneaux[9]? Je **me lave** les mains et je **viens** vous aider!

Marie : C'**est** gentil chéri[10], mais on **s'est** bien **débrouillées**[11] et la viande **est** déjà en train de **cuire**.

Mattéo : Oui mais ça c'**est** pour le réveillon de ce soir, je **peux m'occuper** du repas de midi : spaghettis bolognaise[12] ça vous **dit**?

Emma : Oh oui!!

---

1 Tiens:「あれ！」 2 ma belle:母親の娘に対する愛称.
3 Emma et Marie se font la bise:se faire la bise で「ビズをし合う」.「ビズ」とはほっぺたを合わせる挨拶で，男女間，女性間，そして仲が良ければ男性間でも行なう.
4 ton père est à la piscine:このプールとは市営などの公設のプール.
5 déj:= déjeuner（省略語）. mon petit déj で「私の朝食」
6 C'est pas de refus:「遠慮なくお願いするわ」くらいの意.
7 T'inquiète:「心配しないで」の意. 否定の意だが ne pas はつかない. p.47参照.
8 ça va aller mieux:「（この場合は眠いのが）良くなる（＝目が覚める）」 mieux は bon「良い」の比較級. p.46参照.
9 (vous êtes) déjà aux fourneaux:être aux fourneaux で「料理している」
10 chéri:夫に対する愛称.
11 on s'est bien débrouillées:se débrouiller「何とか切り抜ける」の複合過去形.
12 bolognaise:= à la bolognaise:変化しない.

代名動詞

- 相互的用法 「〜し合う」
  Emma et Marie **se font** la bise. エマとマリはビズをし合う．
  On **se voit** entre amis. 友達同士で会う．
  On **se donne** rendez-vous dans un(e) izakaya. 居酒屋で（互いの）待ち合わせをする．
- 再帰的用法 「自身を〜する」
  Tu **te couches** trop tard. あなたは床につくのが遅すぎるのよ（自身を床につかせる）．
  Il douche ses enfants. 彼は子供たちにシャワーを浴びさせる． ＊doucher「シャワーを浴びせる」
  Il les douche. 彼は彼らにシャワーを浴びさせる．
  Il **se doucher**. 彼はシャワーを浴びる（彼自身にシャワーを浴びさせる）．
  J'arrive vraiment pas à **me réveiller**. 私，なかなか目が覚めないのよ．
  Je **me lave**. 私は（自分の体を）洗う
  Je **me lave** les mains. 私は手を洗う ＊手 [mains] の前につくのは所有形容詞 mes ではなく，定冠詞 les．
- 受け身的用法
  Les 24 et 25 Décembre **se passent** en famille. 12月24日と25日は家族で過ごされる．
- 本質的用法 代名動詞としてしか使われない．
  On **se débrouille**. 何とか切り抜ける．
  Je peux **m'occuper** du repas de midi. 僕が昼ご飯を引き受けるよ．

直説法現在形　se coucher（床につく）

je me couche	nous nous couchons
tu te couches	vous vous couchez
il / elle / on se couche	ils / elles se couchent

場所に関する関係詞　où

［場所を表す言葉］＋ où ＋ S V（文）　　SがVする場所（文）

＊略記号の説明　主語 = S（sujet），動詞 = V（verbe）

Tokyo, c'est une ville **où** habitent beaucoup d'étudiants.
東京は，たくさんの学生が住んでいる街だ．
Les *izakayas*, ce sont des endroits **où** on va boire et manger en groupe.
居酒屋とはみんなで飲んだり食べたりしに行く場所だ．

［場所］の代わりに時期（période）や時代（époque）など［期間］を示す名詞が来ることもある．

De Noël au Nouvel An, c'est la période **où** l'on mange le plus.
クリスマスから新年にかけては，最も多く食べる時期だ．

On vit dans une époque **où** on divorce de plus en plus.
我々は離婚がだんだんと増えつつある時代に生きている．

代名動詞

　ノルマンディーに行った時のこと，近くに海岸があるから泳ぎに行こうと誘われました．「水着持って来てないよ」と言うと，ある友人が「僕のショートパンツを貸してやる」と申し出てくれました．この時彼は「これは白いからね，下着を履いたままこれを履かないといけないよ」と続け，「On se voit après!」と言ったのです．この意味は「後で透けちゃうよ」です．つまり「自身の体が浮き出て現れる」というニュアンスでしょうか．

　別の例に移りましょう．フランス人で友人達といた時のこと，ドイツ人の女性がみんなに1枚の写真を見せながら，「この中に私の妹がいるの．どれだか分かる？」と聞きました．すると1人が「Ça se voit!」と言ったのです．訳せば「明らかだよ」ですね．この場合「誰が妹かという事実は写真上から自然と浮き出ている」といったようなニュアンスがあります．

　というように，代名動詞を使うと主語が行為に飛び込んでいくかのような印象が付け加わる感じがします．例えば，commencer à ～ と se mettre à ～ という2つの表現を辞書で引くと共に「～し始める」と載っています．ですが「Mon portable commence à sonner.」と「Mon portable se met à sonner.」という2つの文を考えた場合，どちらも訳は「私の携帯が鳴り始める」です．でも最初の文は客観的な事実を単に叙述している感じがし，後のほうは携帯が私に何かを伝えようとして鳴り始める，という擬人的なニュアンスが感じられます．

🎧 23　読んでみよう！

　La période des fêtes **correspond** aux dates suivantes : le 24 décembre, veille / réveillon de Noël ; le 25 décembre, jour de Noël ; le 31 décembre, réveillon de la Saint-Sylvestre[1], et le 1er janvier, Nouvel An[2]. En général, c'**est** l'occasion pour les Français de **passer** un moment avec leurs proches. Ainsi, les 24 et 25 décembre **se passent** en famille, alors que le 31 **est** plutôt **partagé** avec des amis.

　Noël **est** l'un des jours de l'année que les enfants **préfèrent**, parce qu'ils **ont pu décorer** la maison avec un sapin et des guirlandes, et qu'ils **peuvent manger** plein de chocolats et, surtout, qu'ils **reçoivent** des cadeaux du « père Noël »[3]. Pour les adultes, de Noël au Nouvel An, c'**est** avant tout la période de l'année où l'on **mange** le plus, surtout des aliments chers : foie gras, champagne, huîtres, saumon fumé... Dans de nombreuses cuisines[4] de France, le matin de Noël, on **prépare** déjà des plats que l'on **laisse cuire** pendant plusieurs heures, comme le **font** Marie et Emma[5]. Et au dessert, la tradition **veut** que l'on **mange** une bûche au beurre. Mais, comme pendant les fêtes on **mange** déjà très gras[6], certains **préfèrent** une bûche glacée ou d'autres desserts plus légers[7].

1　Saint-Sylvestre：「聖シルベストル」．聖人の名．
2　Nouvel An：「新年」
3　père Noël：「サンタクロース」
4　de nombreuses cuisines：「de＋形容詞複数形 ＋ 名詞複数形」．p.27注5参照．
5　comme le font Marie et Emma：「マリとエマがしているように」．主語と動詞が倒置している．
6　comme pendant les fêtes on mange déjà très gras：「これらのパーティの期間に既にとても脂っこいものを食べているので」
7　d'autres desserts plus légers：「他のより軽いデザート」

Exercices A ［　］内の動詞を活用させ，（　）内に適切な語を入れましょう．

1. Tu (　　　) (　　　) (　　　) mains. [se laver]
2. Nous (　　　) (　　　) tous les jours. [se voir]
3. Ils (　　　) (　　　) assez tôt aujourd'hui. [se coucher]
4. Vous (　　　) (　　　) de vos enfants tous les jours. [s'occuper]
5. On (　　　) (　　　) souvent la nuit. [se réveiller]
6. Nos chiens (　　　) (　　　) toujours. [se battre]

Exercices B （　）内に適切な関係詞を入れましょう．

1. Il habite dans un quartier (　　　) les chats sauvages sont très nombreux.
2. La Renaissance est la période (　　　) suit le Moyen-Âge.
3. Quelle est la saison (　　　) les billets d'avion sont les moins chers pour aller en France ?
4. Kagurazaka est un quartier (　　　) je connais bien.

🎧 24 **Activité** CDの質問に対し，次の文に言葉を補って答えましょう．

1. Il _____.
2. Elle _____.
3. Elle lui propose de _____.
4. Elle _____ et _____.
5. _____ elle _____.
6. Elle _____.
7. Il _____.
8. Il leur propose de _____.

世の中には奇麗で華やかなことばかりがあるわけではないということでしょう．もちろん，その逆も言えるわけですが．上の写真は地下鉄の駅に眠るSDF（ホームレス）．

フランス語でclochard．以前からフランスのいたるところでこのような人々は見かけたのですが…

右の写真は2010年8月現在のパリ．リーマンショックの影響か，とうとうSDFが路上に溢れ出ていました．

Leçon 10

Toujours en retard !

🎧 25

*Un dimanche soir, Thomas **attend** son train à Avignon pour **retourner** à Aix. Sur les panneaux d'affichage de la gare, on **peut lire** : « TGV n° 6128 – retard 25 min ».*

*Thomas **appelle** Emma au téléphone.*

Thomas : Allô Emma ? C'**est** la galère[1], là ! Mon train **a** 25 minutes de retard !

Emma : Aïe, pas de bol[2]...

Thomas : J'en **ai** marre[3], c'**est** toujours pareil avec le train !

Emma : (*rires*) Peut-être parce que d'habitude c'**est** toi qui **es** en retard d'au moins 20 minutes, à force[4] à la SNCF ils **sont** au courant[5], le conducteur de train **attend** 25 minutes exprès pour toi !

Thomas : Elle **est** nulle ta blague ! Et puis là je **suis** à l'heure[6], alors que toi je **suis** sûr que tu n'**arriveras**[7] pas à temps[8] pour venir **me chercher** à la gare !

Emma : Mauvaise langue[9] !! OK, je **suis** souvent en retard mais là, je **viens** en voiture avec Émilie, et elle **est** toujours à l'heure, alors **tais-toi** un peu, **arrête** de **râler** (*rires*) !

Thomas : C'**est** promis[10], j'**arrête**. D'ailleurs je **suis** content de **voir** Émilie ! Mais c'**est** juste que demain matin j'**ai** un exam[11], il **faut** que je **me couche** tôt. Et puis il **fait** froid (*rires*) !

Emma : Je **comprends** mais en **attendant détends-toi**, **achète-toi** un magazine ou **bois** un coup[12].

Thomas : Je **peux** pas, tout **est fermé** dans la gare !

Emma : Ah si seulement on **était** au Japon[13]... Là-bas il y **a** des *combini* ouverts 24h sur 24[14] !

Thomas : **T'inquiète**[15], je **vais m'acheter** une boisson au distributeur, j'**espère** qu'il **marche**...

Emma : Allez **tiens** bon[16], on **se voit** dans 1h. Je te **laisse**[17], bisous !

Thomas : Bisous !

1　C'est la galère :「とんでもないよ／大変だよ」
2　pas de bol :「ついてない」
3　J'en ai marre :「うんざりだ」
4　à force :「ついに／とうとう」
5　ils sont au courant : (être) au courant で「知っている」
6　je suis à l'heure : (être) à l'heure で「時間通り」
7　arriveras : arriver の 2 人称単数未来形．p.50参照．
8　à temps :「時間通りに」
9　Mauvaise langue :「毒舌」
10　C'est promis :「それは約束しよう」ここでの場合は「分かったよ」くらいの意．
11　exam = examen．
12　bois un coup : boire un coup で「一杯やる」
13　étais : être の半過去形．ここでの意味は「ここが日本だったら」．条件法の条件節．p.62参照．
14　24h sur 24 :「24時間（営業）」
15　T'inquiète :「心配しないで」の意．p.47参照．
16　tiens bon : tenir bon で「持ちこたえる」
17　Je te laisse. : 別れたり電話を切る時によく言う表現．原義は「あなたを開放する」の意で，「じゃあ，切るよ」「じゃあ，私は行くよ」といったニュアンス．vous に対しては Je vous laisse.

命令法

・**arrêter**（やめる）— er 動詞

直説法現在形	命令法
tu arrêtes	→（tu に対して）arrête
nous arrêtons	→（nous に対して）arrêtons
vous arrêtez	→（vous に対して）arrêtez

・**boire**（飲む）

直説法現在形	命令法
tu bois	→（tu に対して）bois
nous buvons	→（nous に対して）buvons
vous buvez	→（vous に対して）buvez

・**se taire**（だまる）代名動詞

直説法現在形	命令法
tu te tais	→（tu に対して）tais-toi
nous nous taisons	→（nous に対して）taisons-nous
vous vous taisez	→（vous に対して）taisez-vous

Détends-toi.　リラックスして（君自身をリラックスさせろ）．
Achète-toi un magazine.　雑誌を買って（君自身のために雑誌を買え）．

・不規則活用
　avoir → aie / ayons / ayez ; être → sois / soyons / soyez

受動態

> être + 過去分詞（主語の性・数に応じて活用）

・過去分詞の作り方　confronter → confronté, finir → fini, voir → vu
　attendre → attendu, ouvrir → ouvert など

           閉められている
On ferme tout dans la gare. → Tout est fermé dans la gare.
         駅ではすべて閉まっている．

命令法

　命令法はどの教科書にも載っている文法事項ですが，実は日常化会話では特定のケースにしか使われません．いきなり命令法を使うとぶっきらぼうになってしまいます．日本語でも周りの人に対して「飲んで下さい」とは言いますが，「飲め」とは言いませんね．フランス語でもそうなのです．実際，「メッセージを残して下さい」を見てみましょう．

 Je vous prie de me laisser un message.
 Pourriez-vous me laisser un message, s'il vous plaît?
 Voudriez-vous me laisser un message, s'il vous plaît?
 Pouvez-vous me laisser un message, s'il vous plaît?

以上は敬称である「vous」に対する言い方です．対して，
 Peux-tu me laisser un message, s'il te plaît?
 Tu me laisses un message, s'il te plaît?

これらはより近しい「tu」に対する言い方です．特に最後の文を見て下さい．平叙文で命令・依頼の意を表しています．
　さて，この課で使われている命令法はすべて「tu」に対するものでした．理由は，親しい間柄なのでぶっきらぼうな言い方でも構わないというのもありますし，何よりも「tu」の形での命令法はぶっきらぼうな言い方が逆転して，「親密さ」を表しているのです．「お前とは率直にものが言い合える仲だよ」という感情を言外に含んでいるということですね．
　というわけで，「vous」に対する命令法が難しいのは分かりますね．「vous」が単数の場合，所謂敬語になるわけで，そこでの命令口調はおかしいケースが多いわけです．「黙れ」など，学校や軍隊ならあり得るかもしれません．ただ標識などにはよく見られます．

受動態と能動態

　中学校の英語の時間では能動態と受動態の文の意味は同じだと習いますね．実は次の2つの点が違います．1，受動態では動作主を明示しなくて良い．2，動作が行なわれている「時」の状態が違う．例えば，「La fermeture est annoncée à 20h.」の能動態は「J'annonce la fermeture à 20h.」かも知れませんし，「Ils annoncent la fermeture à 20h.」かも知れません．能動態では動作主を主語として明示しなければならないのに対し，受動態ではその必要がないのです．つまりわざと情報を隠してものが言えるということです．
　ですが，フランス語には非人称の主語「on」があるので，能動態でも動作主をぼかして言うことが出来ます．この「on」の存在が，フランス語では英語に比べ受動態の文が少ない理由のひとつでしょう．ただし，「on」を使ったとしても，やはり，能動態と受動態の意味は違うのです．例えば，

 On ferme la porte.　ドアを閉める．　　La porte est fermée.　ドアが閉まっている．

能動態の「ferme」は一瞬の出来事ですね．対して，受動態の「est fermée」は「閉まっている」という状態を表しています．能動態と受動態の意味が違いが確認出来たでしょうか．

🎧 26 ── 読んでみよう！──

　Au Japon, « l'heure c'est l'heure »! En France, la notion de ponctualité **est** plus nuancée. Au travail, ou pour des rendez-vous importants, il **est** bien sûr mal **vu** d'**être** en retard[1]. Mais dans de nombreuses situations, le retard **est toléré**, voire **considéré** comme banal. Il n'**est** pas rare que les gens **arrivent** 10, 15, 20 minutes après l'heure d'un rendez-vous.

　A l'inverse, les magasins **ferment** tôt, et lorsque la fermeture **est annoncée** à 20h (par exemple), ça **ferme** en réalité à 19h45. Les gens en retard, les transports en commun également, et les commerces pas toujours ouverts, **sont** des situations fréquentes en France.

　Beaucoup de gens comme Emma et Thomas **sont** régulièrement en retard. Mais, une personne toujours en retard **finit** par **être** mal vue, **considérée** comme peu sérieuse, peu fiable. Et puis, **être** en retard ne **dispense** pas d'**être** poli[2] : **prévenir** la personne qui nous **attend** et s'**excuser**, c'**est** la moindre des choses[3].

---

1 il est bien sûr mal vu d'être en retard : il = d'être en retard「遅れること」．「遅れること」は，mal vu「悪いことと思われる」
2 être en retard ne dispense pas d'être poli :「遅刻をすれば当然非礼ということになる」
3 la moindre des choses :「最低限のこと」

Exercices　（　）内の語を並べ替えて訳文の意味にしましょう．動詞は不定法で書かれているので適当な形に活用する必要があります．

1. (tu に向かって) 私の写真を見て！
   (photos / regarder / mes)!
2. (vous に向かって) 朝と晩，このお茶を飲みなさい．
   (ce / boire / matin et soir / thé).
3. 良いレストランを探しましょう．
   (restaurant / bon / un / chercher).

🎧 27　**Activité**　CD の質問に対し，次の文に言葉を補って答えましょう．

1. Parce que _____.
2. _____.
3. C'est _____.
4. Elle y _____.
5. Elle y _____.
6. _____ il _____.
7. _____.
8. Il _____.

Leçon 11

Tradition et Modernité

🎧 28

*Emma **va voir** une de ses amies, Déborah, à Montpellier. Emma **donne** un coup de fil[1] à celle-ci depuis le tramway.*

Emma : Allô Deb? C'**est** moi, je **viens** de **monter** dans le tram[2] là, j'**arrive** d'ici 10 minutes, je **pense**. Par contre, j'**ai** un trou[3] : je **descends** bien à Comédie[4], c'**est** ça?

Déborah : Oui oui, c'**est** ça, je t'**attendrai** sur le quai de la ligne 1. Par contre, comme c'**est** mercredi, il y **a** mon petit frère avec moi, ça t'**embête** pas?[5]

Emma : Mais pas du tout, il **est** mignon Enzo![6] Allez je te **laisse**, à toute[7]!

Déborah : À toute!

*Emma **descend** du tram, Déborah **se dirige** vers elle.*

Déborah : Coucou! ça va? T'**as** bien **voyagé**[8]?

Emma : Oui super! 2h30 en Corail[9] avec un bon bouquin ça **passe** vite[10]!

Déborah : Ah tant mieux! T'en **as eu**[11] pour combien au fait?

Emma : Pas cher je **trouve**, 11€ avec ma carte 12-25[12]...

*Le petit Enzo[13], 6 ans, **se cache** derrière sa grande sœur.*

Emma : Tiens, mais c'**est** Enzo, il **se cache** (*sourire*)! Tu **fais** ton timide?

Déborah : **Viens** Enzo, n'**aie**[14] pas peur, c'**est** Emma tu la **reconnais**? **Dis**-lui bonjour.

Enzo : Bonjour!

Emma : Bonjour toi! Allez on **va faire** un tour tous ensemble?

*Déborah, Enzo et Emma **se baladent** dans les rues du vieux Montpellier.*

Déborah : C'**est** fou de **voir**[15] que dans presque toutes les villes de France, il y **a** un cœur historique. Tu **imagines**, toutes ces vieilles pierres, toutes ces maisons qui **tiennent** encore debout?

Emma : Oui je **trouve** ça dingue[16] aussi, d'ailleurs ici à Montpellier il y **a** même des ruines romaines, je **crois**.

Déborah : Oui, mais en même temps, il y **a** des quartiers plus modernes, et y **a** le tram aussi, c'**est** pratique. Du coup, on **a** l'avantage d'**être** dans une ville à la fois ancienne et moderne!

1 donne un coup de fil：donner un coup de fil で「電話をかける」
2 tram：= tramway.
3 j'ai un trou：avoir un trou で「ど忘れをする」
4 Comédie：ここでは駅の名前．
5 ça t'embête pas?：「迷惑じゃない？／嫌じゃない？」
6 il est mignon Enzo：「エンゾは良い子よ」．mignon の原義は「可愛い・格好良い」だが，幼い子供に対しては外見的な意味は薄れる．
7 à toute / à tout'：= à tout à l'heure．「すぐ後でね」
8 T'as bien voyagé?：「良い旅だった？」．avoir voyagé は，voyager「旅行する」の複合過去形．
9 Corail：SNCF（フランス国鉄）の普通車両の 1 つ．
10 ça passe vite：「あっという間だった」
11 T'en as eu：as eu は，avoir「持っている」の複合過去形．
12 carte 12-25：12歳から25歳までの若者を対象に旅費を割り引きしてくれるカード．
13 Le petit Enzo：「エンゾちゃん」．le petit は，Enzo に対する愛称．
14 aie：avoir「持つ」の 2 人称単数 tu に対する命令法．n'aie pas peur で「怖がらないの」
15 C'est fou de voir 〜：「（フランスのほとんどすべての町で長い歴史を持つ中心地があるのを）見られること [de voir〜] はとんでもない [fou] ことだ」ここでの「とんでもない [fou] こと」は肯定的な意味．
16 je trouve ça dingue：「それ [ça] は，いかれたこと [dingue] だと思う」：「それ [ça] とは，古い石の家がまだ立ったまま残っていること．ここでの「いかれた [dingue] こと」は肯定的な意味．

否定の命令法

・Ne + **V** + pas
N'aie pas peur.
怖がらないの．

命令法と代名詞

動詞の後に「-」を介して，目的語がつく．
Dis bonjour à Emma.　　Dis-lui Bonjour.

否定形で「-」がとれ [目的語＋動詞] の語順に戻る．
Ne lui dis pas bonjour.

比較級

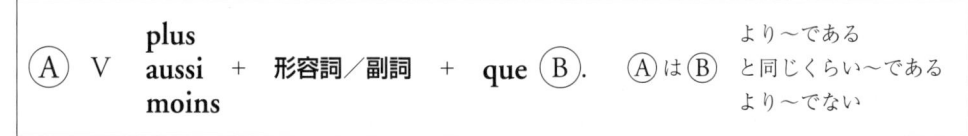

| Ⓐ | V | plus / aussi / moins | + 形容詞／副詞 + | que | Ⓑ | Ⓐは Ⓑ | より〜である / と同じくらい〜である / より〜でない |

C'est un moyen de transport plus écologique que le bus, moins coûteux que le métro.
（トラムは）バスより環境に優しく，地下鉄より高くつかない（＝安い）交通手段である．

比較級を公式で表せば確かに「plus 〜 que -」ですが，「que」以下をつけずに使われることも結構あります．

En France, la notion de ponctualité est plus nuancée.（L.10）

最上級

| le / la / les + plus / moins + 形容詞／副詞　　最も〜だ |

La Loire est le plus long fleuve de France.
ロワール川はフランスで一番長い川です．

🎧 29 　読んでみよう！

　En France, il n'**est** pas incorrect de **téléphoner** dans les transports en commun comme le bus, le tram, le métro. Par contre dans les trains, surtout les TGV, il **est** fortement **recommandé** de **téléphoner** en dehors des wagons, dans des zones spéciales.

　Sinon, on n'**envoie** pas trop de méls/courriels[1] avec son téléphone comme au Japon, mais beaucoup de SMS, ou « texto »[2].

　Dans les grandes villes, depuis quelques années, on **voit apparaître** des lignes de tramway[3]. En effet, **c'est** un moyen de transport plus écologique que le bus, moins coûteux que le métro, et plutôt silencieux.

1　méls/courriels：Eメールのこと．口語では e-mail も使うが，書き言葉では méls か courriel．
2　« texto »：Eメールと違って，携帯電話同士だけでやり取り出来る文字通信．日本のCメールに当たる．
3　on voit apparaître des lignes de tramway：voir + 目的語 + 不定法で「目的語が〜するのを見る」．ここでは目的語と不定法が倒置している．

意味の逆転 〜〜〜〜〜〜〜〜〜〜〜〜〜〜〜〜〜〜〜〜〜〜〜〜〜〜〜〜

　通常，C'est fou.「気違い沙汰だ」や dingue「いかれてる」などは否定的な表現です．しかし，本文でも見たように，否定的な意味が逆転して「とても素晴らしい！」の意味になることがあるから注意が必要です．

　今まで見て来た中では，「T'inquiète. 心配ないよ．」なども字義通りとると「心配だね」とかになってしまいそうです．また，よく日常会話で使う表現に

　Terrible!
　Pas terrible.

があります．terrible を辞書で引くとまず「恐ろしい／ひどい」などという意味が見つかりますが，実は terrible は「ものすごい／素晴らしい」という意味でも使います．この場合，「pas terrible は「ぱっとしない／つまらない／まあまあ」という意味で，絶対に肯定的な意味にはなりません．同じような表現に「pas génial」があります．

　また，フランス語では「すごく良い」ということを言う時に否定表現を使うことがあります．例えば，

　Pas mal!

は字義通り訳せば「悪くない」になり，日本語でこういうと「まあまあ」という感じですが，フランス語では「すごく良い」という意味なのです．「Il y a pas mal de voitures.」のような文では「たくさんの = beaucoup de」の意味で使われます．

　同じように，

　C'est pas mauvais.

も字義通りには「悪くない」ですが，これも肯定的な表現です．僕の友人のフランス人はご飯を食べている時によく C'est pas mauvais! を連発します．皆さんも是非使ってみて下さい．

Exercices A　次の文を否定形にしましょう．

1. Tais-toi.
2. Arrête de râler.
3. Détends-toi.
4. Achète-toi un magazine.
5. Bois un coup.

Exercices B　（　）内の語を並べ替えて訳文の意味にしましょう．

1. トラムは地下鉄より便利である．
   (plus / est / le métro / que / pratique / le tram).
2. デボラはマリより背が高い．
   (que / est / plus / Marie / grande / Déborah).
3. 宗教による結婚は最もコストがかかる．
   (le / le mariage / coûteux / plus / est / religieux).
4. ピエールはジャンより運が良い．
   (Jean / Pierre / que / chance / a / de / plus)
5. このグループで一番働いたのは誰？
   (le / le groupe / travaille / dans / qui / plus)?

🎧 30　**Activité**　CDの質問に対し，次の文に言葉を補って答えましょう．

1. Elle est _____.
2. Elle y va _____.
3. Elle vient _____.
4. Il _____.
   （À la vue d'Emma = Emmaを見て）（réagir = 反応する）
5. Elle propose de_____.
6. Il _____.

パリのトラム

マルセイユのトラム

Leçon 12

Sujets tabous 🎧 31

*Emma **est** toujours à Montpellier avec Déborah et son petit frère Enzo. Enzo **montre** du doigt une dame assez forte.*

Enzo : **Dis**, pourquoi elle **est** grosse la dame ?

Déborah : Oh ! Enzo **tais-toi** ! Il ne **faut** pas[1] **montrer** du doigt, et puis on ne **dit** pas des choses comme ça !

Emma : **C'est** vrai Enzo, il ne **faut** pas **dire** des choses sur le physique des gens, c'est très gênant, et très malpoli, même si c'est vrai !

Enzo : Oui, c'est vrai d'abord, elle **doit**[2] peser beaucoup !

Déborah : Chut, elle **va** nous **entendre** ! **Écoute**, il ne **faut** plus jamais[3] **dire** des choses comme ça, d'accord ?[4] À partir d'aujourd'hui, et même quand tu **seras** grand, il ne **faudra** jamais plus **demander** à quelqu'un combien il **pèse**.

Emma (**rit et dit** à Déborah) : …Ni combien il **gagne**, pour qui il **vote**, et quelle **est** sa religion.

Déborah (**rit** et **chuchote**) : Tu lui **apprendras** tout ça dans quelques années.

Emma : Tu **sais** Enzo, le poids d'une personne, c'est très personnel. Normalement, il n'y **a** que le médecin[5] qui **puisse**[6] le **demander**.

Enzo : Alors moi plus tard, je **serai** docteur, comme ça, je **pourrai savoir** combien **pèsent** toutes les grosses dames !

Déborah : Tu **es** vraiment trop curieux, tu **finiras**[7] journaliste plutôt ! **Crois-moi**, il **faut savoir être** discret dans la vie.

Emma : À propos de « trop curieux », je **me demande**[8], tu **gagnes** combien en tant que professeur des écoles débutante[9] ?

Déborah : Dans les 1400 € net[10] par mois : là, je **me sens revivre**[11] après tous mes petits boulots d'étudiante !

Emma : Tu m'**étonnes** ! J'**ai** hâte de **gagner** ma vie moi aussi. Même si mes parents m'**aident**, je **trouve** ça gênant de **dépendre** d'eux[12].

1 Il ne faut pas：「〜してはいけない」
2 doit：< devoir「〜に違いない」
3 plus jamais：「これからは二度と / もう決して」
4 d'accord?：「分かった？」
5 il n'y a que le médecin：「医者しかいない」．ne 動詞 que 〜 で「〜しか…しない」
6 puisse：pouvoir の接続法 3 人称単数形．p.63 と pp.71-72 参照．
7 finir：「ついには〜になる」
8 me demande：代名動詞．ここでは「ちょっと聞きたいんだけど」くらいの意．
9 professeur des écoles débutante：「新人教師」．Déborah は女性なので débutante と女性形になっている．なお，professeur に女性形はない．かつては女性形も作られたが現在ではまず使われない．
10 net：net というのは税金を引かれた後の額，つまり「手取り」．対して税金込みの額を brut と言う．
11 je me sens revivre：「生き返った気がする」
12 ça：= de dépendre d'eux.

間接疑問文

* S ＝主語，V ＝動詞

・demander à 人 +	quand S + V	人に	いつ	S が V するかを聞く
	où S + V		どこで	
	pourquoi S + V		何故	
	combien S + V		どのくらいの（量）	
	pour qui S + V		誰に対して	
	qui + V		誰が V するのか	を聞く
	quel(le) est 〜		〜が何か	
	ce que S + V		S が何を V するのか	

フランス語では疑問詞や関係代名詞の後，しばしば倒置が行なわれます．例えば，本文の« Je pourrai savoir combien pèsent toutes les grosses dames! » の場合，pèsent が V，toutes les grosses dames が S です．このように S の部分が幾つかの単語からなる時や重要な言葉が来る時，倒置が起こります．

直説法単純未来形

1. 不定法 + 語尾

・**trouver**（見つける）

je trouverai	nous trouverons
tu trouveras	vous trouverez
il trouvera	ils trouveront
elle trouvera	elles trouveront
on trouvera	

・**finir**（終わる）

je finirai	nous finirons
tu finiras	vous finirez
il finira	ils finiront
elle finira	elles finiront
on finira	

・**avoir** の直説法現在

j'ai	nous avons
tu as	vous avez
il a	ils ont
elle a	elles ont
on a	

* ai / as / a / ont の語尾は「avoir」の活用と同じ

2. 特殊な語幹をもつもの

avoir → j'aurai   être → je serai
attendre（待つ）→ j'attendrai   venir → je viendrai
pouvoir（出来る）→ je pourrai   aller → j'irai

3. 非人称動詞
   Il fait (falloir) 〜 → Il faudra 〜

🎧 32 　**読んでみよう！**

　Toute culture **a** ses sujets tabous, la française y compris. Certains **sont** presque universels, mais d'autres **sont** moins connus. Par exemple, il **existe** un certain tabou autour de la sexualité, mais on **peut** parfois en **parler** très librement avec ses amis, de même sexe ou non[1], mais il **est** souvent difficile d'en **parler** entre deux générations différentes. La religion, la politique et l'argent **sont** des sujets délicats que l'on finit toujours par aborder surtout entre amis.

　Pendant un repas, certains Français évitent de parler de ces sujets pour ne pas gâcher l'atmosphère. En effet, même si en France, on n'a pas peur de dire ce que l'on pense[2] et d'argumenter, ce genre de sujets peut mettre mal à l'aise certaines personnes. Alors, à vous de voir...

---

1 de même sexe ou non :「同性の，もしくは異性の（友人達と）」
2 ce que l'on pense :「考えていること」．p.67参照．

「出来る」の表現 〜〜〜〜〜〜〜〜〜〜〜〜〜〜〜〜〜〜

　動詞の peux / peut < pouvoir を辞書で引くと「出来る」と見つかるでしょう．しかし pouvoir と「出来る」の間には微妙なニュアンスのずれがあります．ここではこのニュアンスについて話をしてみます．

　まず動詞 pouvoir の意味は「3つのP」と覚えて下さい．1 pouvoir「能力」，2 possibilité「可能性」，3 permission「許可」の3つです．

　例えば，「Je peux nager.」という文を考えてみましょう．単純に訳すと「私は泳げる」になります．そうすると，1の「能力」意味で理解する人が多いのではないでしょうか．つまり「泳ぎ方を知っている」=「金槌じゃない」ということですね．ところが，この文はこのような「能力」の意味ではなく，3の「許可」の意味が強いのです．つまり「私はここで泳ぐ許可を得ている」ということですね．例えば，会員権を持っているとか，プールの持ち主と友達だとか，そういうケースです．許可の意味で使われているとして，それを能力の意味に取ってしまったのでは，誤解が生じてしまいます．

　では，「泳ぎ方を知っている」という意味にしたい時はどうすれば良いでしょうか？それは「Je sais nager.」と言います．

　更に，arriver à 〜という表現を使うこともあります．これは「達成した」というニュアンスが付け加わります．例えば「Enfin, j'arrive à nager le crawl sans effort.（私はようやくクロールを自然に泳げるようになった．）」という例文が考えられます．特に，否定形で「出来ない」と言いたい時には「Je n'y arrive pas! / J'y arrive pas!」という言い方が便利です．

　ここでこの課の「Je pourrai savoir combien pèsent toutes les grosses dames!」という文を考えてみましょう．この pourrai < pouvoir は決して能力ではないですね．紛れもなく，許可の意味です．医者にとって女性の体重を聞くことはタブーではない．つまり聞いても良いとされている，ということですから．

Exercices A 次の文を未来形を用いて書き変えましょう.

1. Je trouve une chanson d'anniversaire.
2. Tu peux rester à la maison.
3. Vous êtes professeur.
4. Il ne finit pas la course.
5. Nous apprenons les techniques de base du dessin.

Exercices B (　　) 内に語を補い日本語訳の意味にしましょう.

1. 僕は何で君が笑っているか尋ねる.
   Je te demande (　　　　　　　　　).
2. 彼女は君に彼がいつ仕事を終えるか尋ねる.
   Elle te demande (　　　　　　　　　).
3. 彼は私に彼女がどこに住んでいるか尋ねる.
   Il me demande (　　　　　　　　　).
4. 彼はピエールに彼女が何が好きかを尋ねる.
   Il demande à Pierre (　　　　　　　　　).
5. 君は彼に仮面ライダー (Kamen-Rider) が誰か尋ねる.
   Tu lui demandes (　　　　　　　　　).

🎧 33 **Activité** CDの質問に対し，次の文に言葉を補って答えましょう.

1. _____ elle _____.（gronder＝しかる）
2. Il ne faut pas dire _____.
3. _____ est très personnelle.
4. C'est _____.
5. Elle _____.
6. Il veut _____ savoir _____.
7. Elle lui suggère _____.
8. Elle _____.

Leçon 13

Métissage et Europe 🎧 34

*Emma **est** à la fac et **discute** avec d'autres étudiants de sa classe dans le couloir en **attendant** que le cours **débute**.*

Emma : Waouh[1], Inès, tu **es** magnifique ! T'**étais** au ski pendant les vacances pour **être** toute bronzée[2] comme ça ?

Inès : Eh non ! J'**étais** au Maroc, je **suis allée**[3] voir ma famille, je les[4] **avais** pas **vus**[5] depuis très longtemps. Y **avait** un soleil d'enfer, du coup j'**ai pris** des couleurs !

Anaïs : Le Maroc, j'**aimerais** bien y **aller** ! Là, pendant les vacances, on **est allés**[6] aux Pays-Bas avec Cécile et Peter, un pote qui **est** en arts plastiques : il **est** à moitié hollandais[7] et nous **a fait découvrir** plein de coins sympas.

Cécile : Ouais, on **a fait** Amsterdam[8], bien sûr, mais aussi des petites villes. C'**était** super mais qu'est-ce qu'on **s'est pelés**[9] !

Stéphane : Tu m'**étonnes**, Amsterdam en février... *(Ici, Stéphane **confirme** qu'à Amsterdam en cette saison il **doit faire** très froid).* Il **fallait**[10] **venir** en Espagne les filles, on **a passé** 4 jours à Valence avec ma copine et y **avait** pas un nuage[11].

Emma : *(rires)* Hé, vous **allez arrêter** de nous **narguer** avec vos voyages, là ? Y en **a** plein[12] qui **avaient** ni le temps ni les moyens de **partir** ! Enfin, j'**imagine** que je **suis** pas la seule...

Mickaël : **T'inquiète** Emma, moi j'**ai passé** mes vacances à **bosser** à Mac Do[13], le rêve !

Karim[14] **:** Et moi j'**ai bossé** mon japonais comme un dingue pour **espérer être pris** à Sophia[15] l'an prochain.

Anaïs : Hein ? Ils **font** des échanges avec Sophia ? J'**étais** même pas au courant !

Karim : *(rires)* Parce que tu **viens** pas assez en cours, miss ! C'**est** une sorte de programme Erasmus[16] sur plusieurs mois, mais forcément il y **a** une sélection.

Stéphane : Ah, y **a** Mme Kobayashi au fond du couloir !

53

1 感嘆詞について：Waouh! には賛美の気持ちが入る．Wouah! は驚きを表す．
2 toute bronzée：「まったくよく日に焼けている」．Inès は女性の名前なのでそれぞれ語尾に e がつく．
3 suis allée：助動詞は être，話しているのが女性 (Inès) なので，allée という具合に女性形を示す e がついている．
4 les：「家族のそれぞれの人々」．ma famille は単数形だが，その具体的な構成員を指す時には複数形で受ける．
5 avais pas vus：voir の大過去形．Inès がモロッコに行った時点より前のことを表している形．助動詞が avoir で，動詞部［avoir + 過去分詞］の前に目的語（=les）がある時，過去分詞は目的語に合わせて変化する．ここでは les が複数男性なので，vu に s がついて vus になっている．
6 est allés：ここでは on が，Anaïs, Cécile と Peter の 3 人を指しているので，過去分詞（allés）に複数形の s がついている．
7 il est moitié hollandais：「彼はオランダ人とのハーフ」
8 on a fait Amsterdam：「アムステルダムを訪れた」．faire + 場所の名前で「～を訪れる」
9 qu'est-ce qu'on s'est pelés!：「とっても寒かったよ！」pelés の s は註 6 を参照．se peler の原義は「皮がむける」だが，日常語で「寒い」
10 Il fallait：il faut（falloir）の半過去形．
11 y avait pas un nuage：「雲ひとつなかった」．主語の il が省略されている．
12 Y en a plein：「たくさんの人がいる」．主語の il が省略されている．plein =「たくさんの人」
13 Mac Do：「マクドナルド」
14 Karim：アラブ系の名前．
15 Sophia：上智大学．
16 une sorte de programme Erasmus：「エラスムス・プログラムの一種」．エラスムス・プログラムとはヨーロッパ圏の交換留学プログラム．また，ヨーロッパとヨーロッパ以外の国を繋げる交換留学プログラムに Erasmus Mundus がある．2011年現在で上智大学とプロヴァンス大学は提携校ではあるが，Erasmus Mundus には参加していない．ここで見られるように，一般の学生達にとって Erasmus は交換留学プログラムの同義語として使われている．

直説法複合過去の作り方

- **avoir**（助動詞）+ **過去分詞** ／ **être**（助動詞）+ **過去分詞**（主語の性・数に応じて変化）
  ＊否定形：n'avoir pas + **過去分詞** ／ n'être pas + **過去分詞**
  ＊代名動詞の助動詞は必ず être になる．

- 過去分詞の作り方　donner → donné；aller → allé；prendre → pris；faire → fait

直説法半過去の作り方

・**parler**（語幹 = parl）

je 語幹 + **ais**	nous 語幹 + **ions**	je parlais	nous parlions
tu 語幹 + **ais**	vous 語幹 + **iez**	tu parlais	vous parliez
il 語幹 + **ait** / elle 語幹 + **ait** / on 語幹 + **ait**	ils 語幹 + **aient** / elles 語幹 + **aient**	il parlait / elle parlait / on parlait	ils parlaient / elles parlaient

・**voir**（語幹 = voy）

je voyais	nous voyions
tu voyais	vous voyiez
il voyait / elle voyait / on voyait	ils voyaient / elles voyaient

・**avoir**（語幹 = av）

j'avais	nous avions
tu avais	vous aviez
il avait / elle avait / on avait	ils avaient / elles avaient

・**être**（語幹 = ét）

j'étais	nous étions
tu étais	vous étiez
il était / elle était / on était	ils étaient / elles étaient

半過去（imparfait）と複合過去（passé composé）

半過去 物語や出来事が進展する舞台や背景（le décor）の**描写**を行なう．
複合過去 物語や出来事の**進展**を示す．

　半過去と複合過去の意味は，その対比が重要です．
　19世紀まで西洋演劇における舞台装置（le décor）とは，舞台上に置いてあるモノではなく，舞台奥に掛けられた布に描かれた絵のことでした．岩や木を舞台上におくのではなくその絵を背後の幕に描いたのです．そしてその絵の前で役者達は演技をしていました．例えば歴史劇をやるとして，背後の幕に描かれている情景を表すのが半過去，そして舞台上で役者達が紡ぎ出す物語を表すのが複合過去（単純過去）ということになります．

＊注意点
　半過去の意味の1つに「過去における反復する行為」というのがあります．しかし，過去の反復する行為が常に半過去で表されるわけでないことに注意して下さい．例えば，「私たちは毎日会った」という文を考えた場合，「On s'est vus tous les jours.」というように複合過去でも，また「On se voyait tous les jours.」半過去でも表すことが可能です．毎日会っていたわけですからどちらも反復する行為ですね．違いは文脈にあります．

　On était en vacances à Saint-Tropez. Nous avions 15 ans. On s'est vus tous les jours pendant deux semaines.
　　ヴァカンスでサン＝トロペにいた．僕らは15歳だった．2週間の間，毎日会った．
　On se voyait tous les jours. Mais elle est partie sans dire au revoir...
　　僕らは毎日会っていた．でも，彼女はさよならも言わずに去っていった...

　どちらの文も伝えたい**出来事／事件**が複合過去で表されています．そしてその**出来事／事件**が起こった時の**背景**が半過去で表されているのです．

文学・絵画作品における過去形

　日本の昔話は「むかしむかし」で始まりますね．フランス語ではこれを「Il était une fois」と言います．この「était」は半過去ですね．この表現で始まる昔話は，半過去と複合過去の対比を考える上でとても良い例となります．例えば，『桃太郎』は次のように始まります．「むかしむかし，あるところにおじいさんとおばあさんが住んでいました．毎朝，おじいさんは山に柴刈りにおばあさんは川に洗濯に出かけました．」フランス語で書くとすると「Il était une fois」からここまでが半過去です．物語を始める前に，それまでの状況を説明しているのですね．そしてある朝「大きな桃が流れてきました」で物語が始まります．ここで使われるのが複合過去です．その後，桃太郎は成長し，犬，雉，猿の家来に出会い，鬼退治に出かける，といった具合に物語が展開するわけですが，この物語の筋書きと時間を押し進めていくのが複合過去なのです．対して，半過去は場面ごとで物語の舞台となる状況を描写するだけであり，物語を展開していく機能はありません．

　基本的にフランス語の物語なり小説は，このような対比をもとに組み立てられているのです．20世紀の初頭まで複合過去は口語で，文章を書く時には単純過去という形が使われていたのですが，複合過去よりこの単純過去と半過去の方がこの対比がはっきりしています．
　かつて，19世紀後半の印象主義の登場以前の時代，絵画の中心として盛隆を誇った歴史画にも，この対比を見て取ることができます．ある歴史的事件を描く場合，まず下請け画家達が舞台となった場面の森，神殿，山や宮廷など背景を描きます．ここは半過去で描写されるべき箇所です．そして巨匠がその上にこの歴史的事件の主人公である英雄達を描きます．まさにこの英雄達の行為＝物語こそが単純過去（現在では複合過去）で記されるのです．
　というように，半過去と複合過去の対比こそが，伝統的にフランスの物語にとって基礎構造となっているのです．この対比をしっかり把握するようにして下さい．

Exercices 次の文にある（　　）内の動詞の１つを複合過去形に，もう１つを半過去形に活用させて文を完成させましょう．

1. Quand Pierre (être) lycéen, un professeur lui (parler) de la passion des esclaves pour la musique.
2. Nous (faire) une balade à Kusatsu, où il y (avoir) beaucoup de neige.
3. Comme Emma (avoir) de la fièvre, elle (prendre) un médicament.
4. Elles (aller) au bout du monde, à la découverte des autres cultures, quand elles (être) jeunes.
5. Vous (être) au cinéma hier soir? Vous (voir) "Coca Cola Kid" de Dusan Makavejev?

35 **Activité** CD の質問に対し，次の文に言葉を補って答えましょう．

1. _____ elle _____.
2. Elle _____.
3. Il _____.
4. Elle _____ avec _____.
5. Il _____ et il _____.
6. Il _____ avec _____.
7. Il _____.
8. Il _____.
9. _____ être _____.
10. _____ elle _____.

Emma et Alexandre

Leçon 14

Culture « cultivée » 🎧 36

*Emma **vient** de **faire** la connaissance d'Alexandre, un copain de Thomas, qui **étudie** dans la même école d'ingénieur (les Arts et Métiers).*

Alexandre : Emma, tu **as fait** quoi comme bac et comme études?

Emma : J'**ai fait** un bac L[1], mais bon, j'étais nulle en philo et en lettres[2]. J'**ai** surtout **fait** ça pour les langues, j'**adore** ça. Puis de toute façon, j'étais mauvaise en maths et j'aimais pas l'économie, donc S[1] ou ES[1], c'était pas possible. Là, je **suis** en licence de japonais.

Alexandre : Tu **sais**, j'**ai fait** S, et pourtant j'**adore** la philosophie. Par contre, je **déteste** l'anglais.

Emma : (*sourire*) On **est** des opposés[3], toi et moi! Mais tu **sais**, je t'**envie** d'**être** fort en sciences, je **trouve** ça passionnant, bien plus que la littérature ou l'art, mais je **suis** incapable de **calculer** correctement! Je ne **suis** pas logique (*elle rit*).

Alexandre : Pourtant Thomas m'**a dit** que tu avais des talents artistiques et que tu écrivais très bien.

Emma : Ben en fait, à la fac, j'**ai commencé** en arts plastiques. Ça se passait plutôt bien, mais je m'ennuyais! L'histoire de l'art, c'**est** intéressant, mais à petite dose[4]. De même, de temps en temps j'**aime lire** un bon vieux bouquin, un Zola, ou un Maupassant, mais je n'**aime** pas **faire** d'analyses et de dissertations là-dessus[5], comme on nous l'**impose** à l'école. Je **me contente** de **lire** et d'**apprécier**.

Alexandre : C'**est** vrai que l'analyse littéraire, c'**est** parfois la torture. Alors que les sciences, c'**est** juste ou faux, point[6]! En tout cas, j'**aime** les poèmes de Hugo.

Emma : (*rires*)Ah ne m'en **parle** pas! Je **suis tombée** dessus[7] à l'oral du bac, ça m'**a traumatisée**!

Alexandre : (*rires*)Désolé! Ça me **fait penser** que mon frère est tombé sur Molière au bac l'an dernier : c'**est** fou de **voir** qu'un auteur qui est né il y **a** presque 400 ans **est** toujours d'actualité.

Emma : Eh oui, c'**est** ça la France. On **a** parfois du mal à[8] **se tourner** vers la modernité, on **est** trop fiers de notre richesse culturelle.

Alexandre : C'**est** vrai, pas toujours facile de **trouver** un juste milieu entre culture ancienne et moderne.

Emma : Ça me **fait penser** qu'il y **a** un mois, je suis allée écouter le Requiem de Mozart à la cathédrale d'Aix. C'était magnifique. Mes parents m'**ont fait** écouter du classique, mais aussi des choses plus modernes. Ça **a** toujours été très éclectique à la maison!

Alexandre : Ouais, chez moi aussi!

57

1 L : = Littéraire（人文系）．S = Scientifique（自然科学系）．ES = Économie et sociale（経済・社会学系）．
2 lettres：「文芸」．広義での文学に当たる．
3 opposés：「真逆のタイプ」．on は基本的に 3 人称単数だが，この場合は「私たち = Emma と Alexandre」なので複数形の s がついている．
4 mais à petite dose：「少しやるだけなら」
5 là-dessus : sur un Zola ou sur un Maupassant.
6 c'est juste ou faux, point：「ただ，真か偽か，それだけ」．この point は [.] のこと，「以上（で話は終わり）」の意．
7 dessus：= sur Hugo.
8 On a parfois du mal à : avoir du mal à ～で「～するのに難儀する」

時制の一致

・dire que ＿＿文＿＿．「(que 以下) と言っている」
Il dit que son père est medécin.
彼は自分の父親は医者だと言っている．

主節の時制を基準にして，従属節の時制を，1 主節より前，2 主節と同じ，3 主節以降に従って変化させます．

主節が現在形		従属節	
1.		tu étais à Tokyo la semaine dernière.	半過去形
2.	Thomas me **dit** que	tu es à Tokyo aujourd'hui.	現在形
3.		tu seras à Tokyo après-demain.	単純未来形

主節が複合過去形		従属節	
1.		tu avais été à Tokyo la semaine dernière.	大過去形
2.	Thomas m'**a dit** que	tu étais à Tokyo aujourd'hui.	半過去形
3.		tu serais à Tokyo après-demain.	条件法現在形

Thomas m'a dit que tu avais des talents artistiques et que tu écrivais très bien.

この文の場合，主節 Thomas m'a dit が複合過去で，従属節 tu avais / tu écrivais が半過去なので，「言った（a dit）」と「あった（avais）/ 書いた（écrivais）」の時制は同じ．
なお，この文の主節を現在にすると以下のようになります．

→ Thomas me dit que tu as des talents artistiques et que tu écris très bien.

複合過去と過去分詞の一致

助動詞が être の時，主語の性数に応じて過去分詞は変化します．
Je suis allée écouter le Requiem de Mozart.（je = Emma（女性）なので allé → allée）
On s'est vus tous les jours.（on = この場合 on は「我々」つまり複数：vu → vus）

助動詞が avoir の時，目的語が代名詞や先行詞などの形を取り動詞の前に来る時，過去分詞はその目的語に応じて活用します．
Ça m'a traumatisée!（me = Emma（女性）なので traumatisé → traumatisée）
Je n'oublierai jamais les amis que j'ai rencontrés.（les amis なので rencontré → rencontrés）

不定冠詞 un / une の特別な用法

芸術家・作家の名前（姓）の前に不定冠詞がつくとその人物の１つの作品という意味になります．

un Zola = un livre de Zola　ゾラの一冊の本
un Picasso = un tableau de Picasso　ピカソの一枚の絵
un Mozart = un morceau de Mozart　モーツァルトの１曲

使役動詞

・**faire + 不定法**　「〜させる」
Mes parents m'**ont fait** écouter du classique.
私の両親は私にクラシック音楽を聴かせた．

複合過去の助動詞が être の場合と avoir の場合

　移動の意味を表す自動詞の時，複合過去の助動詞は être を使います．
　完了過去形の助動詞に être（英：*be*）と avoir（英：*have*）の両方を使うというのはフランス語の特徴だと言えるでしょう．でも，かつては他の欧米語でも使われていたんです．例えば，学校では習いませんが，英語では今でも「*He is gone.*（= Il est parti.）「彼は行ってしまった．」と言うんですね．
　では，フランス語以外の言語で助動詞の être は何故すたれたのでしょうか？　それは受け身と混同してしまうからです．例えば，Il est mangé. と言うと「彼は食べた」ではなく「彼は食べられた」の意味になってしまいます．
　ここで自動詞と他動詞の両方の意味を持つ動詞を考えてみましょう．monter「上がる／上げる」descendre「降りる／降ろす」などです．まずは他動詞の能動態の文を考えてみましょう．
　On monte un enfant dans la voiture.「子供を車に乗せる」
　次にこれを受け身形にしてみます．
　Un enfant est monté dans la voiture.
この文は「子供が車に乗せられた（受け身）」でしょうか，「子供が車に乗った（過去）」でしょうか．両方 OK ですね．そしてどちらにするにせよ現象は同じです．というわけで「Je suis monté sur la chaise.」という時には，「私が椅子の上に乗った」という意味と同時に「私が私の力によって椅子の上に乗せられた」という受け身の意味も感じてみて下さい．もちろん自動詞の意味しかない「Je suis allé à la fac.」は文法的には受け身になり得ません．それでも「私が私のことを移動させる」というニュアンスを感じてみて下さい．対して，自動詞でも parler の場合は「Je suis parlé.（誤）」と言っても体が動く感じはしませんよね．つまり受け身のニュアンスは発生しないのです．ですから「J'ai parlé.（正）」になるのです．
　ただし「Je suis monté en haut des escaliers.」に対して「J'ai monté les escaliers.」です．後者が単に階段を登るだけなのに対し，助動詞 être を使うのは**階段の下から上まで**，つまり**出発点と終着点がある場合**です．
　どうでしょう，このような考えていけば，どういう動詞の時に être を助動詞に使うのか何となく感覚で分かってくる気はしませんか？

Exercices　次の文を過去形を用いて書き変えましょう.

1. Il dit que tu aimes bien la musique.
   Il a dit que (　　　　　　　　　　).
2. Je lui demande si Emma veut habiter à Paris.
   Je lui ai demandé si (　　　　　　　　　　).
3. Il me demande quand elle va venir au Japon.
   Il m'a demandé quand (　　　　　　　　　　).
4. Tu leur demandes où on prend un petit café.
   Tu leur as demandé où (　　　　　　　　　　).
5. Vous dites qu'il est parti.
   Vous avez dit qu'il (　　　　　　　　　　).

🎧 37　**Activité**　CD の質問に対し，次の文に言葉を補って答えましょう.

1. Elle ＿＿＿＿＿＿＿＿＿.
2. Elle ＿＿＿＿＿＿＿＿ et elle ＿＿＿＿＿＿＿＿ en ＿＿＿＿＿＿＿＿.
3. Parce qu'elle ＿＿＿＿＿＿＿＿.
4. Elle ＿＿＿＿＿＿＿＿.
5. Il ＿＿＿＿＿＿＿＿ et
   il ＿＿＿＿＿＿＿＿.
6. Elle ＿＿＿＿＿＿＿＿.
7. Parce qu'elle ＿＿＿＿＿＿＿＿.
8. Parce ＿＿＿＿＿＿＿＿.
9. Parce qu'ils ＿＿＿＿＿＿＿＿.
10. Elle ＿＿＿＿＿＿＿＿.
11. Ils ＿＿＿＿＿＿＿＿.

南仏ラ・トゥール・デーグの古城（廃墟）．外壁だけですが，壊さずに残してあります．伝統文化を大切にしている例ですね．

エクス市にて．仮設舞台で行なわれるモダンダンスの公演．

Leçon 15 : Paysages contrastés 🎧 38

*Alexandre **a décidé** de **faire découvrir** le Vaucluse, dont¹ il **est** originaire, à Emma. Bien que **venant** de la région PACA², elle **connaît** mal ce département. Ils **sont** tous deux en voiture.*

Alexandre : Là, tu **vois** sur ta droite, c'**est** le Mont Ventoux : On **est** bientôt **arrivé**.

Emma : Déjà ? Je **pensais** qu'il **fallait** beaucoup plus de temps malgré l'autoroute !

Alexandre : C'**est** peut-être³ parce qu'on **a** bien **discuté**, que tu n'**as** pas **vu** le temps passer. Mais c'**est** vrai que 50km par autoroute ça **se fait** rapidement.

イール・シュール・ラ・ソルグ

Emma : Donc, je **récapitule** : tu me **montres** d'abord l'Isle-sur-la-Sorgue, où tu **as grandi**, et après on **va manger** à Fontaine-de-Vaucluse, c'**est** ça ?

Alexandre : Oui oui, Fontaine **est** juste à côté, et tu **verras** c'**est** très joli.

*Les deux étudiants **se baladent** à présent dans les rues de l'Isle-sur-la-Sorgue. Emma n'**arrête** pas de **prendre** des photos.*

Emma : C'**est** vraiment joli, ça **plairait** beaucoup à ma mère comme endroit. Par contre, qu'est-ce que j'**ai** froid !

Alexandre : Ah mince !⁴ Tu **veux** que je te **prête** ma veste ? Sinon on **peut aller se réfugier** dans un café.

Emma : Non non, **t'inquiète**, ça **ira**. C'**est** fou de **se dire** que pas très loin d'ici, à Marseille, il **doit faire** facile⁵ 5 degrés de plus. Pourtant on **est** toujours dans le Sud.

Alexandre : C'**est** vrai mais c'**est** quand même pas le Nord-Pas de Calais⁶ !

Emma : Ben **détrompe-toi** !⁷ J'**ai passé** quelques jours à Lille l'hiver dernier, et je **trouve** qu'il **faisait** presque moins froid qu'à Aix, du moins quand il y **a** du Mistral⁸.

Alexandre : Qu'est-ce que tu **faisais** à Lille si c'**est** pas trop indiscret ?

Emma : J'**allais voir** ma cousine, elle **fait** une école de journalisme là-bas. De temps en temps je

フォンテーヌ・ド・ヴォークリューズ

Alexandre : **vais** aussi **voir** mon cousin qui **habite** dans le Jura. Par contre là-bas ça **pèle**[9] l'hiver, et il **neige** souvent.

Alexandre : Moi j'**ai** beaucoup de famille dans le Gard, et l'été c'**est** sûrement l'endroit de France où il **fait** le plus chaud.

Emma : À Aix il **fait** très chaud aussi, du coup souvent je **pars** me **réfugier** chez mes parents à Nice, le climat **est** toujours plus tempéré, c'**est** agréable en toute saison.

Alexandre : Quand même, on **a** la chance de **vivre** dans un beau pays plein de contrastes. On **passe** notre temps à **râler** contre les touristes qui **bloquent** la circulation, pourtant je les **comprends**.

Emma : Oui, je **suis** bien d'accord, c'**est** un petit pays mais il y **a** de tout. C'**est** peut-être pour ça que beaucoup de Français **partent** dans une autre région de France pour les vacances. En tout cas, sur la Côte d'Azur, on **a** du monde![10]

Alexandre : Dans le Vaucluse je t'en **parle** même pas[11], d'autant que beaucoup de stars américaines **ont** leur maison d'été ici.

Emma : Tu m'**étonnes**.[12]

1 dont：関係代名詞．le Vaucluse, dont il est originaire → il est originaire du Vaucluse.
2 Bien que venant de la région PACA：「PACA 地域の出身だけれど」PACA については p.12 参照．
3 peut-être：「もしかしたら（〜だからかも知れないね）」．辞書には「多分」という訳語が書かれていることが多いが，Je ne sais pas.「分からない」，C'est possible.「あり得る／そうかも知れない」などの文に近い．
4 Ah mince!：「ちぇっ！」
5 facile： = au moins.
6 le Nord-Pas de Calais：フランス最北端の地．
7 détrompe-toi!：「違うよ！」
8 du Mistral：フランス南東部の地方風．
9 ça pèle「寒い」
10 on a du monde!「人がたくさんいる」
11 je t'en parle même pas「言わずもがなだよ」
12 Tu m'étonnes.：原義は「驚きだね」だが，日常表現では「驚かないよ」といった逆の意味で用いられる．p.47 参照．

条件法

現実には起こっていないことを仮定して行う動詞の用法．事実に反する仮定表現．

・**条件法現在** ［Si S + 直説法半過去，S + 条件法現在］ ＊過去形を使うが，現在のことを表現．

S'il faisait beau, nous irions à Marseille aujourd'hui.
　　　半過去　　　　　　　　条件法現在
もし，（今）晴れていたら，今頃マルセイユに行っているはずだ．

・**条件法過去** ［Si S + 直説法大過去，S + 条件法過去］ ＊大過去形を使うが，過去のことを表現．

S'il avait fait beau, nous serions allés à Marseille hier.
　　　大過去　　　　　　　　条件法過去
もし，（昨日）晴れていたら，昨日はマルセイユに行っていたはずだ．

条件節 [Si 〜] なしで使われる時にもしっかり仮定された意味を補って理解することが大事.
C'est vraiment joli, ça plairait beaucoup à ma mère comme endroit.
本当にきれいだわ，（もし母がここにいたら）母はこの場所をとても気に入ると思うわ.

· parler

je 語幹 + ais	nous 語幹 + ions
tu 語幹 + ais	vous 語幹 + iez
il/elle/on 語幹 + ait	ils/elles 語幹 + aient

je parlerais	nous parlerions
tu parlerais	vous parleriez
il parlerait elle parlerait on parlerait	ils parleraient elles parleraient

· aller

j'irais	nous irions
tu irais	vous iriez
il irait elle irait on irait	ils iraient elles iraient

· plaire

je plairais	nous plairions
tu plairais	vous plairiez
il plairait elle plairait on plairait	ils plairaient elles plairaient

· avoir

j'aurais	nous aurions
tu aurais	vous auriez
il aurait elle aurait on aurait	elles auraient ils auraient

· être

je serais	nous serions
tu serais	vous seriez
il serait elle serait on serait	ils seraient elles seraient

＊語幹は単純未来の語幹，語尾は半過去の語尾に同じ.

丁寧な依頼を表す表現でも使う.
J'aurais besoin de votre aide. あなたに手伝って頂きたい.
Je voudrais voir Mr. Ito. 伊藤さんにお会いしたいのです.

フランス語の条件法・接続法と英語の仮定法

条件法は意味の上で仮定法に対応しています．では，その違いは何でしょう？
　条件法をフランスで言うと「le mode conditionnel」，対して仮定法を表す英語は「*the subjunctive mode*」になります．全く別の表現ですね．ところがフランス語には「le mode subjonctif」という法（mode）があり，接続法という訳語が与えられています．なお，この接続法はイタリア語やドイツ語にもある用語です．つまり，英語だけが仮定法という訳語を使っていることになります.
　接続法は直説法（le mode indicatif）との対比で説明出来ます．「indicatif」の語源は「index（索引／人差し指）」であり，客観的な事実を表すのに使います．対して「subjonctif」は「sub」が「従属した」で「jonctif」の語源の「jonction」が「接合」ですから，〈従属節における動詞の用法〉になりますが，その中でも主観的な感情表現を行う時に使います．例えば，

（英）*He is a boy.* /（仏）Il est un garçon.

というのは直説法です．客観的事実ですから．また従属節でも

（英）*He says that she is japanese.* /（仏）Il dit qu'elle est japonaise.

も客観的事実には変わりないので直説法です．対して

（英）*He wants that his son (should) be a doctor.* /（仏）Il veut que son fils soit médecin.

は願望ですので，仮定法現在／接続法現在です．ですが，今の英語ではこんな言い方はしませんね．不定詞を使って「*He wants his son to be a doctor.*」と言います．つまり，不定詞が発展したために英語では上記のような仮定法現在の用法は次第に廃れ，**仮定法は現実ではないことを仮定する表現**である過去形と過去完了形に特化していったのでしょう．「*the subjunctive mode*」が接続法ではなく仮定法と訳されているのは，語源ではなくこの仮定という意味が尊重されたものと思われます．なお，to 不定詞は西洋の他の言語にはない英語の特徴を形成していると言えます．

対して，フランス語では17世紀頃，接続法から**現実ではないことを仮定する表現**を分離して条件法という法（mode）を作りました．この条件法はフランス語にしかありません．まさにフランス語の特徴なのです．

Exercices （　　　）内の動詞を条件法現在形に変え，日本語に訳しましょう．

1. Si Godzilla parlait, il (parler) français.
2. Dans quel cas vous (aller) chez le médecin ?
3. Il y a deux choses qui me (plaire) aujourd'hui : aller en Bretagne et voir l'océan atlantique là-bas.
4. Ses parents ont dit que Marie (avoir) 7 ans en mars prochain.
5. Je veux m'enfuir vers un endroit où nous (être) seuls tous les deux.

リールの街

39 **Activité** CD の質問に対し，次の文に言葉を補って答えましょう．

1. Ils _____.
2. Parce _____ discuté.
3. C'est _____ .
4. À _____.
5. Il lui propose de _____.
   Parce _____.
6. C'est _____ qu'il fait le plus froid.
7. Pour _____.
8. Il _____.
9. Ils _____.
10. Il _____.

マルセイユのヴュー・ポール（旧港）

アルプスのスキー場

Leçon 16 — Le Japon des Français

読んで訳してみよう．そしてフランス人の若者が日本について抱いているイメージについて話し合ってみよう．

Nous **sommes** en Juin, l'année scolaire **se termine** enfin pour Emma, Thomas, Émilie, et plein d'autres étudiants. C'**est** également l'anniversaire d'Emma qui **décide** d'**organiser** un pique-nique dans un parc pour **fêter** les deux évènements. Ses amis ainsi que les étudiants et professeurs du département de japonais **sont** tous **invités**.

Émilie : (*en pleine discussion avec Thomas*) Mais **arrête** de **te plaindre**, moi j'**ai** peut-être **fini** les cours, mais je **suis** en stage tout juillet en chirurgie[1] !

Thomas : Petite joueuse ! Je **suis** en stage jusqu'en septembre chez un constructeur d'hélicoptères, d'abord[2] !

Emma : (*rires*) Eh si vous **continuez** à **vous battre** vous deux je vous **vire**[3] de ma fête d'anniv', non mais ! J'**ai** tous les droits aujourd'hui !

Thomas : Bon ça va, je **sors** ma guitare et je **me transforme** en hippie inoffensif ! Une bière Émilie ?

Émilie : Je **veux** bien merci !

Mme Kobayashi : C'**est** une très bonne idée ce pique-nique Emma, il **fait** tellement beau et chaud, ça **tombe** très bien[4] !

Emma : (*sourire*) Merci, mais ça c'**est** grâce à la météo, puis je **trouvais** que c'**était** sympa de **passer** un dernier moment ensemble, en dehors des cours. Avec de bonnes fraises à **manger** en plus !

Mme Kobayashi : Oui c'**est** la pleine saison[5]. Qu'est-ce qu'elles **sont** bonnes ! Meilleures qu'au Japon en tout cas.

Inès : Oui mais au Japon il y **a** de très bons produits que nous n'**avons** pas ici ! Moi j'**adore** tout ce qui **est** à base de *mochi*, comme les *daifuku* !

Mme Kobayashi : (*sourire*) Ah oui ? D'ailleurs des fois je **me demande** ce que mes étudiants **aiment** du Japon, ce qu'ils en **imaginent**.

Emma : Ah ben c'est facile : si on **faisait** un sondage tout de suite ? (*elle crie*) Hè, votre attention s'il vous plaît, on **fait** un petit sondage pour Kobayashi-sensei, qu'est-ce qui vous **intéresse** le plus dans la culture japonaise ? Pourquoi **avez**-vous **choisi** d'**apprendre** la langue et la culture japonaises ?

Inès : Moi j'**avoue** que j'**adore** la nourriture ! Les *sushi* et *maki* bien sûr, mais aussi les *yakitori*, les *udon*, les *okonomiyaki*... La présentation des *bento*, ou des pâtisseries **est** très soignée, ça **donne** faim[6] mais on n'**ose** pas les **manger** tellement que c'est mignon[7] !

Cécile : Moi c'**est** les *manga* et les *anime*.

Anaïs : Moi aussi même si c'est trop cher ici par rapport au Japon : 7€ le tome ! Je **rêve** de **pouvoir** les **lire** dans le texte.

Mme Kobayashi : Les *manga* et les *sushi* c'est ce qu'il y **a** de plus populaire, j'**ai** l'impression[8]. Mais, il n'y **a** pas que ça, non ?

Stéphane : Y **a** les arts martiaux aussi[9]. Personnellement j'**adore** le karaté, j'en **fais** depuis que je **suis** petit.

Karim : Moi je **préfère** le judo, mais ce qui m'**a fait apprendre** le japonais c'est les *kanji*, les *kana*, la calligraphie en général, c'est un art à part entière.

Mickaël : Le Japon ancien aussi, c'est fascinant : j'**aime** bien les films qui **parlent** de *samouraïs*, qui **montrent** des tenues et un art de **vivre** traditionnels, comme la cérémonie du thé, le *kabuki*, etc.

Eva : Moi c'**est** un peu comme Mickaël, mais plus au niveau de la mode. Je **trouve** que les Japonaises **ont** un look très moderne et féminin au quotidien, puis, pendant certaines fêtes ou cérémonies, elles **portent** des *yukata*, voire des *kimonos*. C'est magnifique, ça **fait rêver** !

Axel : Moi, j'**ai** une image d'Epinal du Japon je **pense**, mais ce que je **trouve** attirant c'est l'architecture des villes, anciennes comme modernes, et la nature. J'**ai** hâte de **visiter** la campagne japonaise, de **voir** les cerisiers en fleur, mais aussi de **me retrouver** dans Tokyo, dans des quartiers modernes. J'**aime** le contraste entre tradition et modernité.

Johanna : Personne n'**a parlé** de musique et de culture populaire mais moi, c'**est** ça mon truc[10] ! Il y **a** des groupes japonais très sympas, et puis il y **a** les drama, c'est des séries télé mais plus originales que celles qu'on **voit** en France. J'**adore** tous les trucs un peu « kawaii » aussi, je **sais** pas comment **traduire** l'idée... En France on (n')**a** pas le sens du « kawaii » (*rires*).

Erwan : J'**adore** la littérature et l'écriture en général, les œuvres japonaises littéraires et cinématographiques en particulier. Puis, il y **a** toute la tradition poétique qui **est** différente de la nôtre[11], comme les *haiku*. Les codes culturels **sont** différents, bien plus subtils que les nôtres[11].

Maxime : Ben moi, j'**aime**... les Japonaises! (*tout le monde rit*) Ben oui, c'est pas interdit! J'**aime** les Japonais aussi bien sûr, d'une manière générale, la culture, la mentalité, la façon de **se comporter**. Mais bon, les Japonaises **ont** de beaux yeux, je **trouve**.

Johanna : Et de beaux cheveux! Je **rêve d'avoir** des cheveux lisses comme ça! La chance...

Anaïs : Pareil![12] Ah on n'**est** jamais contents des ce qu'on **a**, non? Toi Emma tu **aimes** quoi déjà?

Emma : C'**est** simple : ce que j'**aime** du Japon c'**est** un mélange de tout ce qui **a été cité**! Et plein d'autres choses encore...

1 chirurgie：「外科」
2 Je suis en stage ..., d'abord：ここの d'abord は「最初に」でなく，抗議の気持ちを表す．敢えて訳せば「僕なんか（9月までヘリコプター工場の研修があるんだぜ）」のような感じ．
3 virer：「追い出す」
4 ça tombe très bien：直訳すれば「（ピニクックは）ちょうど良い日にやることになった」ここでは「ついてたわねえ」くらいの意味．
5 c'est la pleine saison：「今が旬ね」
6 ça donne faim：「（見ているだけで）お腹が減る」
7 on n'ose pas les manger tellement que c'est mignon!：「あまり可愛くて食べる気が失せちゃう！」
8 Les *manga* et les *sushi* ... j'ai l'impression：「漫画とか寿司が割合人気があるように感じるけど」
9 Y a les arts martiaux aussi：= Il y a les arts martiaux aussi の Il が省略されている．
10 c'est ça mon truc：「それこそ私のお得意よ」
11 la nôtre：= notre tradition poétique,「私たちのもの」=「私たちの詩的伝統」; les nôtres = nos codes culturels「私たちのもの=私たちの文化的伝統」
12 Pareil!：「同感！」

構文

- **ce que S + V**（SがVするもの）/ **ce qui V**（Vするもの）．

Moi, j'adore tout ce qui est à base de *mochi*, comme les *daifuku*!
餅をベースとしたすべてのものが好き，例えば大福とか！

Je me demande ce que mes élèves aiment du Japon, ce qu'ils en imaginent.
私の生徒達が日本に関して好きなもの，（日本に関して = en）思い浮かべるものは何だろうと思う．

今までに既に何回も出て来た表現です．以下の構文は使いこなせると大変便利です．

- **ce que ～ , c'est ～ / de ～ / que ～**

Ce que je n'aime pas, c'est le racisme.　　私が好きじゃないのは，人種差別だ．

Ce que je n'aime pas, c'est de voir les animaux en cages.
　　　　　　　　　　　　　　　　私が好きなじゃないのは，檻の中の動物達を見ることだ．

Ce que je n'aime pas, c'est que je ne peux pas avoir de chat à la maison.
　　　　　　　　　　　　　　　　私が不満に思っているのは，家で猫を飼えないことだ．

・**ce qui 〜 , c'est 〜 / de 〜 / que 〜**
　Ce qui est important, c'est la santé.　重要なのは，健康だ．
　Ce qui m'intéresse, c'est que l'on va faire quelques choses tous ensemble.
　　　　　　　　　　　　　　　　　私が興味あるのは，みんなで一緒に何かをやることです．
　Ce qui est mis en avant, c'est le contenu.
　　　　　　　　　　　　　　　　　　　　　問題となっているのはその内容です．

de ＋形容詞＋複数名詞

　des prénoms composés
　des quartiers plus modernes
　通常「des heures（不定冠詞複数形＋名詞複数形）」だが，名詞複数形の前に形容詞複数形（=longues）がくると「des」ではなく「de」を使う．

　de bonnes fraises
　de très bons produits

・全体と部分の対比
　ses lettres　は「彼の（すべての）手紙」
　de ses lettres　は「彼の手紙（のうちの一部分）」≈ quelques-unes de ses lettres
　→ de ses lettres と quelques-unes de ses lettres の de は同質のものと考える．

truc / machin について 〰〰〰〰〰〰〰〰〰〰〰〰〰〰

　C'est ça mon truc!　それこそ私のお得意よ！
　J'adore tous les trucs un peu « kawaii ».　ちょっと〈かわいい〉すべてのものが大好きなの．
「モノ」「ヤツ」「アレ」「ナントカ」など，ちょっと言葉を忘れてしまったり，あるいははっきりとは言いたくなくて何となくぼかしてごまかしたい時，これらの言葉は便利ですよね．フランス語にもこの種の言葉があります．それが「truc」や「machin」です．人やモノなど，何にでも使えます．大変便利な言葉ですし，フランス人との会話の中にはよく出てきます．例えば，図書館を探しながら歩いているとして，その図書館が白い建物だったとします．こういう時に「La bibliothèque, c'est un truc blanc, non? （図書館って白いやつだったよね？）」と言うことが出来ます．ただし，あまり上品な表現ではないので正式な場では控えて下さい．例えば，「Sarkozy, ce machin à la tête de l'État! （サルコジなんて代物が国家のトップにいるんだぜ！）」とか「L'ONU, ce «machin» qui n'a pas changé.（国連ってやつは何も変わっていない）」などの用法は明らかに下品な悪意を感じますよね．

Les pelouses de ce jardin sont en repos hivernal du 15 / 10 au 15 / 04.

Les pays voisins 🎧 41

La France **est** un véritable carrefour. En effet, elle **est entourée** de 8 pays frontaliers : l'Espagne, l'Italie, la Suisse, l'Allemagne, la Belgique, Andorre*, le Luxembourg, et Monaco*. De plus, elle **est** très proche du Royaume-Uni, du Portugal ou des Pays-Bas. Il ne **faut** pas non plus **oublier** les Départements d'Outre-mer : la Guadeloupe, la Martinique, l'Ile de la Réunion et la Guyane.

Quant aux pays méditerranéens proches comme le Maroc, l'Algérie et la Tunisie, ils **entretiennent** des liens étroits avec la France depuis le 19ème siècle (colonisation, besoins de main-d'œuvre, etc.). Cela **a généré** de nombreux métissages, tant complexes que riches entre civilisations arabe et occidentale.

Ainsi en raison de sa position en Europe et de son passé (colonialisme, guerre...), la France **est devenue** une terre de migrations et de métissage. Actuellement, la France **semble être prise**[1] dans une crise identitaire : qu'est-ce qu'**être** Français ? La question **est** très complexe, car elle **touche** à la sociologie, l'histoire, le droit... Mais, elle **est réutilisée** à des fins politiques et ce problème **laisse** beaucoup de personnes perplexes.

Cependant, une identité européenne **se dessine** de plus en plus, grâce à l'ouverture des frontières, l'Euro, les progrès en moyens de transport et en communication. Il **devient** donc très facile et de moins en moins cher de s'y **déplacer**[2]. On **voit** par exemple souvent des offres sur Internet du type « week-end à Amsterdam pour 60€ tout compris[3] », « billets d'avions à 12€ pour Lisbonne », etc. C'est pourquoi[4] de nombreux Européens, les jeunes notamment, n'**hésitent** plus à **voyager**. Il y **a** quelques années, pour **aller** en Italie par exemple, on **changeait** son argent. Mais l'Euro **a commencé** à **circuler**, le 1er janvier 2002. Depuis, on **trouve** la même monnaie dans la plupart des pays de l'UE.

---

1 prise：< prendre. 主語が La France で女性名詞なので語尾に e がついている．

2 Il devient donc très facile et de moins en moins cher de s'y déplacer：「国境の開放，ユーロや交通・通信手段の進歩によって移動がとても簡単にそしてだんだん安くなっている」

3 tout compris：「すべて込み」

4 c'est pourquoi：「というわけで」

＊ Andorre と Monaco は principauté（＝公国）．

固有名詞と形容詞形

地域
l'Europe　ヨーロッパ　européen(ne)；l'UE　ヨーロッパ連合（EU）/ La Méditerranée　地中海　méditerranéen(ne)

近隣諸国
l'Algérie　アルジェリア　algérien(ne) / l'Allemagne　ドイツ　allemand(e) / l'Andorre　アンドラ　andorran(e) / la Belgique　ベルギー　belge / l'Espagne　スペイン　espagnol(e) / la Hollande (les Pays-Bas)　オランダ　hollandais(e) / l'Italie　イタリア　italien(ne) / le Luxembourg　luxembourgeois(e) / le Maroc　モロッコ　marocain(e) / Monaco　モナコ　monégasque / le Portugal　ポルトガル　portugais(e) / le Royaume-Uni　連合王国：l'Angleterre　イギリス　anglais(e) / la Suisse　スイス　suisse / la Tunisie　チュニジア　tunisien(ne)

フランスの海外県
la Guadeloupe　グアドループ（カリブ海）/ la Guyane　ギアナ（南米）/ la Martinique　マルティニク（西インド諸島）/ l'Île de la Réunion　レユニオン島（インド洋）

固有名詞と冠詞

　国の名前には定冠詞［le / la / les］がつくのに対し，都市の名前にはつきません．では，何故 Monaco や Singapour（シンガポール）には定冠詞がついていないのでしょう？　それはこれらは国の名前であるより前に都市の名前だからです．

　基本的に，面で捉えている土地に関しては冠詞がつき，点で捉えている土地には冠詞がつかないという法則があります．ですから通常 Tahiti（タヒチ島）のように島には冠詞がつきません．もちろんこの面と点という捉え方は心理的なものです．例えば，かつてコルシカ王国であった la Corse には冠詞がつきますが，現在は国である Madagascar（マダガスカル）や Cuba（キューバ）には冠詞がつかないのですから．

　また国の名前でも Israël（イスラエル）は無冠詞ですが，これは天使がヤコブに与えた名前に由来するから，つまり元々は人の名前だからです．

　前置詞との組み合わせ方については次の表を参照して下さい．

国				都市	
～に／～へ		～から		～に／～へ	～から
男性	女性（母音）	男性	女性（母音）		
au Japon au Portugal	en France en Allemagne	du Japon du Portugal	de France d'Allemagne	à Paris à Amsterdam	de Paris d'Amsterdam

文法補遺　接続法

・-er 動詞の活用のパターン

parler

je parle	nous parl**ions**
tu parles	vous parl**iez**
il parle / elle parle / on parle	ils parlent elles parlent

☆ポイント　白い部分は直説法現在形と同じ，灰色の部分は直説法半過去形と同じ．

・多くの動詞の活用のパターン

partir　接続法現在形

je parte	nous part**ions**
tu partes	vous part**iez**
il parte / elle parte / on parte	ils partent elles partent

直説法現在形

je pars	nous partons
tu pars	vous partez
il part / elle part / on part	ils partent elles partent

☆ポイント　灰色の部分は直説法半過去形と同じ，白い部分の活用は，綴りは別として，発音は直説法現在形三人称複数「ils partent / elles partent」と同じことに注目して下さい．というわけで，まずは 発音は直説法現在形三人称複数の**発音**をしっかり覚えて下さい．

・命令法から入ると覚えやすい動詞の活用のパターン

être → sois / soyons / soyez

je sois	nous soyons
tu sois	vous soyez
il soit elle soit on soit	ils soient elles soient

avoir → aie / ayons / ayez

j' aie	nous ayons
tu aies	vous ayez
il ait elle ait on ait	ils aient elles aient

・不規則な動詞の活用のパターン

savoir

je sache	nous sachions
tu saches	vous **sachiez**
il sache elle sache on sache	ils sachent elles sachent

faire

je fasse	nous fassions
tu fasses	vous fassiez
il fasse elle fasse on fasse	ils fassent elles fassent

・不規則な動詞の活用のパターン

aller

j'aille	nous allions
tu ailles	vous alliez
il aille elle aille on aille	ils aillent elles aillent

pouvoir

je puisse	nous puissions
tu puisses	vous puissiez
il puisse elle puisse on puisse	ils puissent elles puissent

vouloir

je veuille	nous voulions
tu veuilles	vous vouliez
il veuille elle veuille on veuille	ils veuillent elles veuillent

接続法を恐がらないで 〰〰〰〰〰〰〰〰〰〰〰〰〰

　接続法の活用を覚えるのは面倒臭いですね．というわけで，学習者はおろか教師の中にさえも「接続法は良いよ」と考える人が少なくありません．しかし，L.15で見たように接続法は主観表現なわけです．となれば，感情の微妙なニュアンスを表現するには接続法は重要なのです．
　例えば，「Il faut 〜」という表現は辞書を引くと「〜しなければならない」と載っています．というわけで「devoir 〜」と同じだと思っている人は割合多いようです．しかし，「Tu dois partir.」と「Il faut que tu partes.」では，一見両方とも「君は発たなくてはいけないよ」という似たような意味のように見え，実のところニュアンスは全く違うのです．つまり，「Tu dois partir.」は命令になってしまうのに対し，「Il faut que tu partes」はお願いとか提案の表現なのです．遅刻しそうな友人やパートナーに向かって言うのに「Tu dois partir.」ではおかしいのはすぐにでも分かるでしょう．
　とは言っても，覚えるのは確かに面倒臭いので，まずはよく使う表現からマスターしていくようにして下さい．

- Il faut que j'y aille.「もう行かなければなりません」立ち去る時に使うとても丁寧な表現．
- Il faut que tu me dises...「私に言ってほしいんだけど...」この後に「ce que je dois faire（私がしなければならないこと）」や「ce que tu souhaites（君が望むもの）」などを入れることも出来ます．

- Il faut que je sache...「知っておかなければならない ...」

- Je veux absolument que tu viennes.「どうしても君に来て欲しいんだ」

- Je ne crois pas qu'il puisse arriver à l'heure.「彼は時間通りに来ないと思うよ」
　　　　　　　　　　　qu'il puisse le faire.「彼にはそれは出来ないと思うよ」

- Ça m'étonnerait que tu viennes.「君が来たら驚きだ」
　　　　　　　que ça soit bon.「おいしかったら驚きだ」
　　　　　　　qu'il fasse beau demain.「明日晴れたら驚きだ」

エマのフランス

Noémie Daniel 著
黒木　朋興

2012. 4. 1　初版発行
2013. 3. 1　2刷発行

発行者　井田洋二

発行所　〒101-0062 東京都千代田区神田駿河台3の7
電話　03 (3291) 1676　FAX 03 (3291) 1675
振替　00190-3-56669

株式会社　駿河台出版社

製版　（株）フォレスト／印刷・製本　三友印刷（株）
http://www.e-surugadai.com
ISBN978-4-411-01345-3

NUMÉRAUX(数詞)

	CARDINAUX(基数)	ORDINAUX(序数)		CARDINAUX	ORDINAUX
1	**un, une**	**premier**(première)	90	**quatre-vingt-dix**	**quatre-vingt-dixième**
2	deux	deuxième, second(e)	91	quatre-vingt-onze	quatre-vingt-onzième
3	trois	troisième	92	quatre-vingt-douze	quatre-vingt-douzième
4	quatre	quatrième	100	**cent**	**centième**
5	cinq	cinquième	101	cent un	cent(et)unième
6	six	sixième	102	cent deux	cent deuxième
7	sept	septième	110	cent dix	cent dixième
8	huit	huitième	120	cent vingt	cent vingtième
9	neuf	neuvième	130	cent trente	cent trentième
10	**dix**	**dixième**	140	cent quarante	cent quarantième
11	onze	onzième	150	cent cinquante	cent cinquantième
12	douze	douzième	160	cent soixante	cent soixantième
13	treize	treizième	170	cent soixante-dix	cent soixante-dixième
14	quatorze	quatorzième	180	cent quatre-vingts	cent quatre-vingtième
15	quinze	quinzième	190	cent quatre-vingt-dix	cent quatre-vingt-dixième
16	seize	seizième	200	**deux cents**	**deux centième**
17	dix-sept	dix-septième	201	deux cent un	deux cent unième
18	dix-huit	dix-huitième	202	deux cent deux	deux cent deuxième
19	dix-neuf	dix-neuvième	300	**trois cents**	**trois centième**
20	**vingt**	**vingtième**	301	trois cent un	trois cent unième
21	vingt et un	vingt et unième	302	trois cent deux	trois cent deuxième
22	vingt-deux	vingt-deuxième	400	**quatre cents**	**quatre centième**
23	vingt-trois	vingt-troisième	401	quatre cent un	quatre cent unième
30	**trente**	**trentième**	402	quatre cent deux	quatre cent deuxième
31	trente et un	trente et unième	500	**cinq cents**	**cinq centième**
32	trente-deux	trente-deuxième	501	cinq cent un	cinq cent unième
40	**quarante**	**quarantième**	502	cinq cent deux	cinq cent deuxième
41	quarante et un	quarante et unième	600	**six cents**	**six centième**
42	quarante-deux	quarante-deuxième	601	six cent un	six cent unième
50	**cinquante**	**cinquantième**	602	six cent deux	six cent deuxième
51	cinquante et un	cinquante et unième	700	**sept cents**	**sept centième**
52	cinquante-deux	cinquante-deuxième	701	sept cent un	sept cent unième
60	**soixante**	**soixantième**	702	sept cent deux	sept cent deuxième
61	soixante et un	soixante et unième	800	**huit cents**	**huit centième**
62	soixante-deux	soixante-deuxième	801	huit cent un	huit cent unième
70	**soixante-dix**	**soixante-dixième**	802	huit cent deux	huit cent deuxième
71	soixante et onze	soixante et onzième	900	**neuf cents**	**neuf centième**
72	soixante-douze	soixante-douzième	901	neuf cent un	neuf cent unième
80	**quatre-vingts**	**quatre-vingtième**	902	neuf cent deux	neuf cent deuxième
81	quatre-vingt-un	quatre-vingt-unième	1000	**mille**	**millième**
82	quatre-vingt-deux	quatre-vingt-deuxième			

1 000 000 | un million | millionième ‖ 1 000 000 000 | un milliard | milliardième